苦手パート完全克服　学習法・リスニング対策

究極学習法と受験のコツ＋Part1頻出11シーン

TOEIC® TEST
高得点勉強法 &
PART 1
1日5分集中レッスン

TOEIC® TEST990点満点取得者
安河内　哲也
Yasukochi Tetsuya

Jリサーチ出版

TOEIC is a registered trademark of Educational Testing Service (ETS).
This publication is not endorsed or approved by ETS.

TOEIC TEST 受験者の皆さんへ

　日本社会のグローバル化に伴って、英語学習の需要がますます高まっています。そんな社会情勢の中で、英語力を客観的に測ることができるTOEIC TESTは最もポピュラーな英語テストとなっています。

　TOEICを定期的に受験することは、**自分の英語力の伸びを確認する**ことに役立つだけでなく、そのスコアは、**就職・転職活動をする際の、いいアピール材料**になります。さらに、大学や企業内でも、**進学や昇級の際に評価に取り入れる**ところが増えてきているとも聞きます。

● 本書の特徴1：パート別究極学習法

　本書を手に取った方の中にはこれから初めてTOEIC TESTを受ける方もおられると思います。そのような方のために、本書ではまず、**TOEIC TEST全体の概観とそれぞれのパート対策に効果的な勉強法・攻略法**を示していきたいと思います。

　TOEIC TESTの勉強は、ただ単にテスト対策だけを行うのではなく、本来の、英語の実力を伸ばすという心がけが大切です。そこで本書では、**各パート別の試験対策に加えて、英語の地力を高められるような勉強方法**を紹介していきます。たとえば、英語の勉強では音読をし、英語の反射神経を高めることが大切ですが、具体的にどのような音読学習を続ければ英語力が伸びるかという方法にも触れていきます。

　また、こういった技術論も大事ですが、それよりも大切なのは、**毎日少しずつでも勉強を続ける**ということです。

どのような勉強でも、「始めてしまえば50％は終わったも同然だ」と言われていますから、毎日英語の勉強を続けていけば、数年後には英語が自然と身に付いているはずです。「①始めること」「②継続すること」、この2つが英語以外にも通じる、勉強で成果を出すコツです。みなさんは今、この本を開いて読み始めているわけですから、TOIEC英語学習の50％まで達成しているのです。そして、残りの50％を100％に限りなく近づけるためには、継続あるのみです。

● 本書の特徴2：Part1集中学習

　本書の後半では、TOEICの最初のリスニング・セクションであるPart1を、集中的に学習しましょう。写真を見ながら音声を聴き、写真と合った英文を選ぶこのパートでよく出題される11のシーンを、練習問題を解き、重要語句をチェックすることで攻略していきます。

　試験の初っ端であるこのパートでつまずかず、苦手意識を持たないようになれば、トータル・スコアでも高い点数を目指すことができるでしょう。

　そして、何度も言うようですが、英語の勉強で大切なのは"続けること"です。この問題集を終わらせたあともPart7まで勉強を継続し、TOEICのハイスコアと英語力アップを目指して下さい。

安河内哲也

TOEIC TEST 高得点勉強法＆PART 1　1日5分集中レッスン

CONTENTS

TOEIC TEST 受験者のみなさんへ …………………………………… 2
本書の利用法 …………………………………………………………… 6

Chapter 1　TOEIC TEST パート別高得点勉強法 …… 7

Section 1　TOEIC TEST の基礎知識 ………………………… 8
Section 2　TOEIC 受験のメリット …………………………… 11
Section 3　受験当日の注意点とコツ ………………………… 13
Section 4　Part 1 写真描写問題 ……………………………… 14
Section 5　Part 2 応答問題 …………………………………… 17
Section 6　Part 3 会話問題 …………………………………… 22
Section 7　Part 4 説明文問題 ………………………………… 29
Section 8　Part 5 短文穴埋め問題 …………………………… 36
Section 9　Part 6 長文穴埋め問題 …………………………… 44
Section 10　Part 7 読解問題 ………………………………… 50
Section 11　TOEIC SW テストのススメ …………………… 60

Chapter 2   Part 1 写真問題集中レッスン ……… 63

Part 1 攻略 4つのポイント	64
Scene 1 店	70
Scene 2 オフィス	78
Scene 3 さまざまな物品	86
Scene 4 寝室・レストラン	94
Scene 5 公共の施設	102
Scene 6 プライベートな空間	110
Scene 7 乗物	118
Scene 8 水辺	126
Scene 9 建物正面	134
Scene 10 街中の風景	142
Scene 11 人物	150
模擬試験 A	160
模擬試験 B	170

本書の利用法

本書は、前半ではパート別の攻略＆勉強法を分かりやすく紹介し、後半ではPart 1＝写真問題を、集中的に訓練できるように作成されています。

Chapter 1　TOEIC TEST パート別高得点勉強法

ここでは、TOEIC ビギナーにも分かりやすいように、TOEIC の基礎知識から始まり、そのメリットや受験当日の注意点などを解説します。

続いて各パートについて、「例題を使った出題形式解説」「攻略方法」「勉強法」を示します。TOEIC のスコアアップにとどまらず、学習者の"英語の地力"を同時に伸ばすための、有意義なヒントが満載です。最初から順を追って読むもよし、苦手パートから先につまみ読むもよし、目標に合わせて活用して下さい。

Chapter 2　Part 1 写真問題集中レッスン

そして続く Chapter2 は、試験の最初でつまずかないためにもぜひ押さえておきたい、Part1 に焦点を絞った学習ページです。

1 Part 1 攻略 4 つのポイント

Part 1 全体に共通する解法テクニックと注意事項を解説。しっかり読んでから、この後に続く練習問題に取り組むと非常に効果的です。

2 練習問題

11 の頻出シーンごとに練習問題に挑戦します（各シーン 5 問）。間違えたところは正解文をもう一度聴きなおしてみましょう。

3 重要ボキャブラリー

それぞれのシーンでとくに重要で頻出する語句をチェックしましょう。日本語の意味を確認するだけでなく、発音記号を見て言ってみましょう。

■ CD について ■　トラック番号を示します。
CD 1　　音声は、アメリカ人とイギリス人によって吹き込まれています。

Chapter 1

TOEIC TEST パート別 高得点勉強法

この章では、TOEICの7つあるパート別に、その出題形式に始まり、スコアアップにつながる効果的な勉強法と、試験当日の攻略法や受験のコツなどについて、分かりやすく解説していきます。

Section ❶	TOEIC TESTの基礎知識	8
Section ❷	TOEIC受験のメリット	11
Section ❸	受験当日の注意点とコツ	13
Section ❹	*Part1* 写真描写問題	14
Section ❺	*Part2* 応答問題	17
Section ❻	*Part3* 会話問題	22
Section ❼	*Part4* 説明文問題	29
Section ❽	*Part5* 短文穴埋め問題	36
Section ❾	*Part6* 長文穴埋め問題	44
Section ❿	*Part7* 読解問題	50
Section ⓫	TOEIC SWテストのススメ	60

Chapter 1

Section 1 TOEIC TESTの基礎知識

TOEIC TESTとは

ここではまず、TOEIC（Test of English for International Communication）の基本的な情報をご紹介します。

TOEIC TESTは、アメリカのテスト開発機関ETSにより制作される、**英語でのコミュニケーション能力を幅広く評価する世界共通のテスト**です。世界約90ヶ国で実施されています。

テストは**リスニング・セクション**（45分間／100問）と**リーディング・セクション**（75分間／100問）で構成されています（合計2時間／200問）。回答方法はマークシート方式で、テスト問題は英文のみで構成されています。そして試験の結果は合否ではなく**10～990点のスコア**によって表示されます。

テストの構成

リスニング・セクション（Part1～4）、リーディング・セクション（Part5～7）ともにスコアは5点刻みで出されます。なお、総合スコア（10～990）のみならず各セクションについても、5～495の範囲でスコアが出されます。

次に、各パートのテストの構成について、見てみましょう。

TOEIC公開テストは、年8回（1、3、5、6、7、9、10、11月）全国80都市で実施されます（受験地ごとに実施回数が異なります）。申込方法は、インターネット、コンビニ店頭、申込書の3種類。申込方法によって期間が異なるので注意しましょう。

Section1
TOEIC TEST の基礎知識

▶▶▶ リスニング・セクション（45分間／100問）◀◀◀

Part1　写真描写問題：10問

1枚の写真について放送される4つの説明文（印刷されていない）のうち、最も的確に描写しているものを選ぶ。解答時間は1問5秒。

Part2　応答問題：30問

1つの質問または文章に対する最適な応答を、3つの選択肢から選ぶ（印刷されていない）。解答時間は1問5秒。

Part3　会話問題：30問

1度放送される会話（印刷されていない）を聞いて、問題用紙に印刷された設問と選択肢を読み、最も適当なものを選ぶ。各会話には設問が3問ずつ。解答時間は1問8秒。

Part4　説明文問題：30問

1度放送されるアナウンスやスピーチ（印刷されていない）を聞き、問題用紙に印刷された設問と選択肢を読み、最も適当なものを選ぶ。各アナウンス／スピーチには設問が3問ずつ。解答時間は1問8秒。

▶▶▶ リーディング・セクション（75分間・100問）◀◀◀

Part5　短文穴埋め問題：40問

英文の空所を埋めるのに最適な語句を、4つの選択肢の中から選ぶ。

Part6　長文穴埋め問題：12問

長文の空所を埋めるのに最適な語句を、4つの選択肢の中から選ぶ。

Part7　読解問題：48問

※1つの文書：28問／2つの文書：20問
英語文書とそれに関する設問を読み、4つの選択肢の中から最適なものを選ぶ。各文書には設問が数問ずつある。

Chapter 1

Proficiency Scale
TOEICスコアとコミュニケーション能力レベルとの相関表

レベル	TOEICスコア	評価（ガイドライン）
A	860	**Non-Nativeとして十分なコミュニケーションができる。** 自己の経験の範囲内では、専門外の分野の話題に対しても十分な理解とふさわしい表現ができる。Native Speakerの域には一歩隔たりがあるとはいえ、語彙・文法・構文のいずれをも正確に把握し、流暢に駆使する力を持っている。
B	730	**どんな状況でも適切なコミュニケーションができる素地を備えている。** 通常会話は完全に理解でき、応答もはやい。話題が特定分野にわたっても、対応できる力を持っている。業務上も大きな支障はない。正確さと流暢さに個人差があり、文法・構文上の誤りが見受けられる場合もあるが、意思疎通を妨げるほどではない。
C	470	**日常生活のニーズを充足し、限定された範囲内では業務上のコミュニケーションができる。** 通常会話であれば、要点を理解し、応答にも支障はない。複雑な場面における的確な対応や意思疎通になると、巧拙の差が見られる。基本的な文法・構文は身についており、表現力の不足はあっても、ともかく自己の意思を伝える語彙を備えている。
D	220	**通常会話で最低限のコミュニケーションができる。** ゆっくり話してもらうか、繰り返しや言い換えをしてもらえば、簡単な会話は理解できる。身近な話題であれば、応答も可能である。語彙・文法・構文ともに不十分なところは多いが、相手がNon-Nativeに特別な配慮をしてくれる場合には、意思疎通をはかることができる。
E		**コミュニケーションができるまでに至っていない。** 単純な会話をゆっくり話してもらっても、部分的にしか理解できない。断片的に単語を並べる程度で、実質的な意思疎通の役には立たない。

※資料提供：財団法人　国際ビジネスコミュニケーション協会

Section 2 TOEIC受験のメリット

合否がないテスト

　英語の試験には「英語検定」などをはじめ、さまざまなものがあります。それらとTOEIC TESTとの大きな違いは、英語検定試験などのような級判定方式ではなく、10〜990点までのスコアで英語の実力が示される点にあります。つまり、**合否がないテスト**なのです。

　そして、このように幅広い点数で示されるので、TOEICは定期的に受験することにより、ほかの試験よりも**自分の英語力を測るのに適しています**。目安としては**年2回以上**、TOEICを受験することをお勧めします。そうすることにより、**半年間でどのくらい自分の英語力が伸びたか測定することができ**、日々の英語学習の励みになります。

大学生や社会人に役立つテスト

　そしてTOEICは、社会人のみなさんにも**仕事に役立つ重要なテスト**です。また、**就職活動を行う大学生にも努力目標として役立つテスト**でもあります。なぜならば、TOEIC TESTで使われる英語は**ビジネス英語**で、多くの場合は会社内で使う英語だからです。学校で学ぶアカデミックな英語も大切ですが、TOEIC TESTで多く出てくる表現は、**社会に出て、たとえば海外で仕事をする場合などにもすぐに役立つ**ものなので、ビジネスパーソンにとって有効性が

Chapter 1

高いといえるでしょう。

また、多くの人は、大学受験以後は**明確な英語学習の目標**がなくなるので、社会に出てから役立つTOEIC TESTを目標にすることによって、大学生活に刺激を与えることができます。

そして社会人の皆さんも同様に、定期的に受験して英語力を客観的に測り、英語学習へのモチベーションをアップさせましょう。

S&Wテストの有効性

TOEIC TESTというと、「リスニングとリーディングの2セクションで構成されたもの」というイメージをされる方が多いと思います。しかし、TOEICには、**「スピーキング（Speaking）」と「ライティング（Writing）」のテスト**もあり、これは、**話す力と書く力を試すことができる、優れた形式のテスト**です。英語で話したり、文章を書いて発信したりする力を試したりしたい人には、こちらのテストの受験も強くおすすめします。

英語を聴いたり読んだりして、マークシートを塗るテスト方式では、受動的英語力を客観的に測定できますが、**能動的英語力**の測定が正しくできないこともあります。そのため、TOEIC TESTの点数が高いことに比例して、英語で話す力と書く力も高いという理想に反して、実際には**話す力と書く力が劣っている**ケースも見受けられます。そのように**英語の力がアンバランスになることを避ける**ためにも、**1年に1度**はこのスピーキング＆ライティングテストを受験することを、私は推奨いたします。

Section 3 受験当日の注意点とコツ

長丁場に備えて

　TOEICは**全体で2時間**もあるテストですので、**スタミナ**が大切です。リスニングテストは、体調によりスコア変動が起きやすいので、前日から**体調管理**をしっかり行って下さい。

　また、1問わからなかったからといって止まらずに、速やかに次の問題へ意識を移すようにしましょう。そうしなければ、とくに100問のリスニングを攻略することは難しいでしょう。つまり大切なのは、**1問にこだわるのではなく、試験時間全体を通して集中する**ということです。

　心を大きく構えて、全体を通して多くの問題を解いて高得点を取ることを心がけましょう。とにかく、リラックスすることが大切です。

　そして、TOEIC TESTでは**メモを取ることができません**。そのために、正解がどれであったのか**混乱**してしまうことがよくあります。そのような状況を避けるコツを1つお教えします。それは、自分の人差し指から小指の4本を選択肢に割り当て、答えが(A)だと思ったら人差し指、(B)だと思ったら中指を曲げる…というふうにして、**指をメモ代わりに使う**というものです。

　もしくは、これだと思った選択肢が出たら、**マークシートに軽くしるしを付けておく**方法もあります。このように工夫して、メモ代わりの方法を利用して、混乱を防ぎましょう。

Chapter 1

Section 4 — Part 1 写真描写問題

出題形式／例題

　このパートは、写真を見ながらそれについて説明する4つの英文を聴き、写真の内容として最も適しているものを選ぶ問題です。本番では**10問**、出題されます。解答時間は各問**5秒**です。問題用紙には英文は印刷されていません。例題を解いてみましょう。

例題 CD 2

Ⓐ　Ⓑ　Ⓒ　Ⓓ

例題　正解　(C)

☞ 解説

2名の人物が握手している写真です。

(A) 写真の中で「2人の人物が握手をしている」という動作から、ついつい手に注目してしまいそうになります。でも **wash one's hand** は「手を洗う」という意味ですから、写真とは食い違います。

(B) put away は「片付ける」という意味ですから、やはり写真と食い違っています。

(C) 正解。**wear glasses** は「メガネを身につけている」→「メガネをかけている」という意味です。

(D) take off は「(洋服などを) 脱ぐ」という意味なので、やはり写真と食い違います。

写真の中で最も目立った動作に気を取られすぎないように、注意しましょう。

スクリプト　(A) They're washing their hands.
(B) They're putting away the bags.
(C) One person is wearing glasses.
(D) One person is taking off a jacket.

スクリプトの訳　(A) 彼らは手を洗っている。
(B) 彼らはカバンを片付けている。
(C) 1人の人物はメガネをかけている。
(D) 1人の人物は上着を脱いでいる。

Chapter 1

Part 1 勉強法

高得点勉強法 語彙力の増強!

　TOEICの**出題範囲**をあえて限定するならば、「ビジネスマンが目覚めてから寝るまでに遭遇するさまざまな一日の状況」ということになるでしょう。したがって、Part1の対策としては、**ビジネスに関連する、物品・風景・文具、オフィスの機材、建物や乗り物などを、英語でどのように表現するか**を覚えておきましょう。

　具体的には、たとえば、curb（歩道の縁石）やlamppost（街灯柱）などの、**日常生活でよく目にするものや日常の会話でよく使う英単語**が出てきます。また、lean（寄りかかる）やbake（焼く）などといった、**人物やモノの動き**を示す英単語も覚えましょう。

　また、work（働く）とwalk（歩く）、heart（心臓）とhurt（傷付ける）などのような**紛らわしい発音**も、発音記号を勉強して、聴き分けられるようにしておきましょう。

　このパートの語彙に関しては、**日常生活用品が多く出てきます**から、「**英語なんでもノート**」を作って、**目に付いたものを英語でどんどん書き込んで**いきましょう。もしも英語で何と呼ぶかわからなければ、電子辞書などで必ず調べるクセをつけて下さい。電子辞書でなくとも、**パソコン**や**スマートフォン**などを使って気になる表現を調べるようにして、ノートを充実させると英語力がアップします。

　なお、**写真を英語で描写する問題は、スピーキング&ライティングテストでも出題されます**ので、このようなPart1のための勉強することは、**一石二鳥**になります。

（➡Part1の詳しい攻略法は64ページへGO！）

Section 5
Part 2 応答問題

出題形式／例題

このパートは次のような手順で進行します。
①問題文（疑問文もしくは平叙文）が英語で1度、放送されます。
②続いて、3つの応答文が英語で1度、放送されます。
③問題文に対して最も適した応答文を選び、解答用紙にマークします。すべての選択肢が読まれてから次の問題文が読まれるまでに、**5秒**の解答時間があります。

出題される問題の数は**30問**です。なお、問題文と応答文は、試験問題の冊子には印刷されていません。

それでは、実際に例題を解いてみましょう。

問題文と選択肢が読まれた後に5秒の解答時間がありますので、その時間内で解答欄にマークしてみてください。

例題 CD 3

1
Mark your answer on your answer sheet. Ⓐ Ⓑ Ⓒ

2
Mark your answer on your answer sheet. Ⓐ Ⓑ Ⓒ

Chapter 1

1　正解　(C)

☞解説

　When という疑問詞で始まる、「情報を求める疑問文」なので、Yes や No で始まる返答は、原則として間違いです。したがって (A) は不正解。(B) は時を表しているわけではないので When という疑問詞の答えになっていません。(C) が正解ですが、直接的な返答ではなく「掲示板をチェックしてください」という間接的な返事になっているところが、一筋縄ではいきませんね。

スクリプト	When does the next express train leave from this station? (A) No, I didn't receive the text message. (B) On Track 15. **(C) Check that board.**
スクリプトの訳	次の急行列車はこの駅をいつ出発しますか？ (A) いいえ、私はそのテキスト・メッセージ（メール）を受け取ってません。 (B) 15番線からです。 **(C) あの掲示板を見てください。**

2　正解　(A)

☞解説

　平叙文で始まる問題でも、相手の発言に対して肯定したり否定したりする場合は Yes や No を使って返事することもあります。(A)が正解。seem that way は「そのように思える」という意味。(B) の stare at は「～を見つめる；じっと見る」という意味。(C) の morning shift は「早番」という意味なので、(B) も (C) 会話が噛み合いません。

スクリプト	The air conditioner in this room isn't working at all. **(A) Yes, it seems that way.** (B) I wasn't staring at you. (C) On the morning shift.
スクリプトの訳	この部屋のエアコンは全然動いてません。 **(A) ええ、そのようですね。** (B) 私はあなたをじっと見てなどいませんよ。 (C) 早番（朝のシフト）です。

Part 2 攻略&勉強法

攻略1 疑問文を2種類に仕分ける

Part2では、**問題文の種類を瞬時に判別する力を磨く**ことが大切です。**問題文が疑問文**であれば、次の**2種類**に分けられます。

①YesとNoで答えることを求める疑問文
▶助動詞で始まる。
▶Do you 〜 ? / Did you 〜 ? / Can you 〜 ? / Have you 〜 ?
などの形になることがほとんど。

②ある情報を答えとして求めている疑問文
▶Where / When / Howなどの疑問詞で始まることが多い。

①のような疑問文には、**教科書通りであればYesかNoで答える**のですが、**実際の英会話ではそのように答えることはあまりありません**。そのことを反映して、TOEIC TESTでも、**I'm not sure.**（ちょっと、わかりません）のような、**YesやNoを含まない表現**が選択肢に出てきます。

たとえば、「あの人の名前を知っていますか？」と聞かれたとき、「はい、知っています」や「いいえ、知りません」という答えだけでなく、「佐藤さんです」や、「配属されたばかりだからわかりません」と答える場合もあるでしょう。

Chapter 1

　TOEIC TESTでは、テクニックを使って機械的に解けなくするために、**単純にYes、Noで答えていないものが正解であることが多いので**、問題文を聴いて、しっかり頭の中に状況を思い描きながら、考えて解答するようにしましょう。

　一方、②のような「**情報を求めるタイプの疑問文**」について。このタイプの疑問文に対してはまず、**YesやNoで答えている選択肢は間違いであることが多い**と考えられます。

　なぜなら、これらのタイプの質問は**疑問詞**を使い、Where（どこ）、When（いつ）、How（どうやって）などといったことをたずねており、**YesやNoの答えを求めているわけではありません**。よって、選択肢の文がYesやNoで始まる場合は誤答であることが基本になります。

　また、このような疑問詞は発音される際に**短く発音される**ので、聞き逃さないようにしましょう。

　問題の中には平叙文と平叙文で会話が進行するものもあります。そのような問題に大切な攻略ポイントを次に紹介します。

攻略2　場面を脳内に瞬時に描く

　また、問題文が疑問文であれ平叙文であれ、**Part2の問題ではある場面が設定されているので、それを自分で想定できるようにしましょう**。それがどのような場所で行われているか瞬時に描き、その状況において**話者はどのように動いたりするか**、など、頭の中で考えるようにしましょう。

　たとえば、17ページの例題1の問題文は、When does the next express train leave from this station.（次の急行列車はこの駅をいつ出発しますか）ですが、これなどは、「鉄道の駅」「旅行者と現地の人の会話」のように、シーンを設定できますね。で

は例題2だったらどうでしょう？ The air conditioner in this room isn't working at all.（この部屋のエアコンは全然動いていません）ですから、たとえば「ホテルの部屋」や「会議室」など、いろいろ想像できますね。

　そしてこれに加えて、たとえば、自分の好きな映画俳優同士が会話をしているところなどを、具体的に頭の中で描いてみてはどうでしょう。そうすると、**会話にリアリティーが生まれますから、混乱することは少なくなる**はずです。みなさんもぜひこの方法を試してみてくださいね。

高得点勉強法 なりきり音読訓練

　このパートに強くなるための学習法としては、スクリプトを見ながら**登場人物になりきって、声色を変え、身振り手振りを付けて、2人の人物を演じ分けながら音読訓練をしましょう**。

　そして、**最後にはスクリプトを見ないで**発音できるようになれば、状況把握ができるようになったも同然です。ただし、**TOEICの問題では、ちょっとしたひっかけのようなものが多々あります**ので、試験本番で英文を聴き、脳内で場面を描く際に、それが"先走った思い込み"にならないように、よく注意してください。

　また、Part2は**30問の会話が連続**するので、**本番では状況が分からなくても立ち止まって考えたりしない**こと。その設問は速やかに捨てて、**次の問題を集中して聴くことに移行**しましょう。繰り返しになりますが、TOEICはトータル・スコアで判断される方式ですから、**細部にこだわらずに全体を通して得点する**ことを、普段の学習から心がけてくださいね。

Chapter 1

Section 6 — Part 3 会話問題

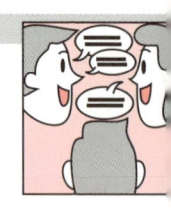

出題形式／例題

このパートは次のような手順で進行します。
①比較的長い会話が英語で1度、放送されます。
②それに対する3つの設問と選択肢を読み、最も適当なものを選び、解答用紙にマークします。**本番で出題される問題数は30問**です。

それでは、実際に例題を解いてみましょう。

問題文に続いて、質問文が3つ読まれます。各質問文の後に**8秒間の解答時間**がありますので、時間内にマークしましょう。

例題 CD 4

1. Why is the woman calling?
　　(A) To get an update on her account
　　(B) To make a payment
　　(C) To request information
　　(D) To sell a financial product　　　　Ⓐ　Ⓑ　Ⓒ　Ⓓ

2. Who most likely is the man?
　　(A) A hotel receptionist
　　(B) A bank clerk
　　(C) A store salesperson
　　(D) A travel agent　　　　　　　　　　Ⓐ　Ⓑ　Ⓒ　Ⓓ

Section6
Part3 会話問題

3. What does the man say is important?
 (A) Profit rates
 (B) Credit history
 (C) Card number
 (D) Monthly attendance

---

1 正解 (C)

☞ 解説

女性の最初のセリフに注目です。女性はクレジットカードの利息に関して、その情報が正しいかどうかたずねており、その後でも、その利息が上昇するかどうかたずねています。これらを総合して考えると「女性は男性に対して情報を求めている」と要約できますから、正解は **(C)** の **To request information** になります。これは全体に関する問題なので、細かい部分を多少聞き逃したとしても解答できますね。

2 正解 (B)

☞ 解説

全体に注意して聴くべき設問です。クレジットカードの利息について細かく説明するのはどのような人だと考えられるかというと、選択肢の中では (**B**) の **A bank clerk**（銀行員）が最も適切でしょう。

3 正解 (B)

☞ 解説

細かい部分に関する設問なので、細心の注意を払って聴きましょう。「利息が上昇するかどうか」を問われた男性は、最後の発言で **That would depend on your credit history.**（あなたのクレジット履歴によります）と答えています。つまり男性は、クレジットの履歴がポイントだと返事しており、**(B)** が正解になります。

Chapter 1

スクリプト
Woman: I'm calling about the Blue Flash credit card you're offering. Is it true that it's available at only 11.8 percent interest?

Man: Yes, any balances you maintain on the card during its first year will be charged at that rate.

Woman: Will it go up?

Man: That would depend on your credit history. However, we can definitely state that there would be no change during the first 12 months.

スクリプトの訳
女性：そちらから売り出されているBlue Flashクレジットカードについて電話しています。たった11.8％の利息で利用できるというのは本当ですか。

男性：はい、カードの残高にかかわらず、最初の1年はその利率で請求させていただきます。

女性：それは上がりますか。

男性：それはあなた様のクレジット履歴によります。しかしながら、最初の12カ月間は変更することはないと、はっきり申し上げられます。

ボキャブラリー

- interest　名 利子；利息
- balance　名 差引残高
- charge　動 請求する
- definitely　副 明確に；きっぱりと
- state　動 はっきり述べる
- account　名 口座
- receptionist　名 応接係；受付係
- bank clerk　銀行員
- profit　名 利益
- attendance　名 出席

設問・選択肢の訳

1. 女性はなぜ電話をしているのでしょうか。
   (A) 彼女の口座を更新するため
   (B) 支払いをするため
   (C) 情報を求めるため
   (D) 金融商品を販売するため

2. この男性は何者であると思われますか。
   (A) ホテルのフロント係
   (B) 銀行員
   (C) お店の販売員
   (D) 旅行代理店の社員

3. 男性が重要だと言っていたことは何でしょう。
   (A) 利益率
   (B) クレジット履歴
   (C) カード番号
   (D) 月々の出席数

Chapter 1

Part 3 攻略&勉強法

攻略 1 質問文を先読みして2種類に仕分ける

Part3の質問文には、大きく分けて2種類あります。

①大ざっぱな会話全体の内容をたずねる
▶例：What are the speakers mainly discussing?
（話者たちは主として何を話し合っていますか）

②名前や場所など具体的なことがらをたずねる
▶例：Where will the meeting be held?
（会議はどこで行われますか）

質問文には、それぞれ4つの選択肢がついています。

受験の際には、**ディレクション（このパートについての説明）が読まれている間に、最初の3問の質問文と選択肢をチェックしておきましょう。選択肢は4つのうち3つは間違っているわけですから、ここはさっと目を通す程度でOK**です。それよりも、**質問文をしっかり読むことが大切**です。

たとえば、

Where does the conversation probably take place?
（この会話はどこで行われている可能性が高いでしょうか）
What does the woman probably do next?
（女性は次におそらく何をするでしょうか）

のような質問文を先に読んでおけば、**リスニングの会話文で、何を中心に聴けばよいのかわかります**。

攻略2 細かい質問には細心の注意を払う

質問文の中でも、たとえば**選択肢に人名や場所名、数字、曜日、月名などがある場合**には、**細心の注意を払って聴くことが大事**です。文全体のことをたずねるような**大ざっぱな質問文**は、たとえ会話の細部を忘れてしまっていても、**全体さえ理解できていれば答えられます**。

しかし細部に関する質問は、**一度聞き逃してしまうと答えることができません**。だからこそ質問文を先に見ておき、聴きながらチェックすることが重要なのです。

攻略3 "細部のうっかり忘れ"を防止する

ここで把握しておくことは、(私もそうなのですが)、問題文の音声を聴いているときには人名など細かいことがらを把握できていても、**聴き終わった後、忘れてしまうことがあります**。ですが、**TOEICはメモを取ることが許されていません**。

そこで、忘れるのを回避するために、**(A)～(D)の選択肢を指に割りふっておくのです**。

たとえば、(A) New York (B) London (C) Hong Kong (D) Beijinという選択肢が並んでいたとすると、(A)は人差し指、(B)は中指……というふうに決めておき、**問題文を聴いている途中でその質問文の答えが分かったら、その指を折り曲げておくのです**。そうすれば、この質問文は解決できたわけですから、**問題文のほかの部分に集中できます**。

Chapter 1

　さらにもう1問を確保しておかなければならない場合は、**残った指で、正しい選択肢の記号を押さえて**しまいましょう。そうすれば**安全に2問ぶんの答えが確保**できます。3問すべてが細かい設問であることは少ないので、2問をこのように確保してしまえば、もう1問は全体の内容から考えて、落ち着いて解答できます。

　ただ、その際に、**マークシートを塗る順番を間違えないように**注意して下さいね。

高得点勉強法 なりきり音読

　Psrt3はPart2同様に、**会話の前後関係や状況を見抜く力**が必要です。ですから、勉強する際には、Part2と同じように具体的な**場面を頭に描いて、身振り手振りを交えてスクリプトを音読しましょ**う。

Part3の鉄則！

- ディレクションが流れている間に、質問文を先読みするべし！
- 質問文をしっかり読んで、①全体か②詳細かの仕分けをするべし！
- 詳細を問う質問には細心の注意を払うべし！
- 選択肢を指に割り振るなどして**"うっかり忘れ"を防止**するべし！
- なりきり音読勉強法で、会話の前後関係や状況を見抜く力を磨くべし！

Section 7
Part 4 説明文問題

出題形式／例題

Part4はPart3と同じ出題形式ですが、問題文は会話文ではなく、機内アナウンスや駅の呼び出しなどといった**さまざまなアナウンス（ナレーション）**です。本番での出題数は**30問**で、解答時間は**8秒**です。例題に挑戦してみましょう。

例題 CD 5

1. What most likely is Sharpton?
 (A) A resort hotel
 (B) A movie theater
 (C) A restaurant
 (D) A shopping mall

Ⓐ Ⓑ Ⓒ Ⓓ

2. What benefit is mentioned?
 (A) Multiple locations
 (B) Longer business hours
 (C) Wide variety
 (D) Low prices

Ⓐ Ⓑ Ⓒ Ⓓ

3. Why are listeners asked to send e-mails?
 (A) To ask for special menus
 (B) To give feedback on events
 (C) To reserve a day
 (D) To request delivery

Ⓐ Ⓑ Ⓒ Ⓓ

Chapter 1

1　正解　(C)

☞ 解説

設問を先読みするときに、**Sharpton** という固有名詞に注目しましょう。固有名詞は文字で見ていないと、別のものに聞こえてしまうことがあります。逆に、文字で見ておくと認識率が高くなります。設問に固有名詞が出てきたらそれに着目し、この固有名詞がナレーションに登場するのだと心構えをしましょう。

2　正解　(C)

☞ 解説

このような、答えが漠然とした問題では消去法を使うといいでしょう。**(A)** の **multiple locations**（複数の場所）は、この店があるのは1箇所だと考えられるので間違いです。**(B)** の **longer business hours**（長い営業時間）と **(D)** の **low prices**（低価格）に関しては言及されていません。**(C)** が正解。

3　正解　(C)

☞ 解説

「e-mail を送る理由」という明確な1つの情報を問う問題なので、質問文を先に読んでおくことで正答率を高められます。**e-mail** という単語に即座に反応し、その部分を聞き逃さなければ確実です。本文の終わりの方に、**Just email us with the date and time you need**（希望日時をメールしてください）とあるので、メールは予約の連絡ということになり、**(C)** が正解とわかります。

ボキャブラリー

- □ dine　　　　　　動 食事をする
- □ offer　　　　　　動 提供する
- □ host　　　　　　動 主催する；司会する
- □ clown　　　　　 名 道化師
- □ benefit　　　　　名 有利；利益
- □ mention　　　　動 について言及する
- □ multiple　　　　形 多数の
- □ location　　　　 名 場所；立地
- □ variety　　　　　名 種類

Section 7
Part 4 説明文問題

スクリプト

Looking for a great place to dine? Come to Sharpton on Highway 19. You can choose from pizza, hamburgers, fish or other tasty meals. We even offer vegetarian entrées. We have a very wide selection! In addition, we host special events like birthday parties for children. There, your son or daughter can enjoy cakes, pies and, best of all, our funny clowns. Just e-mail us with the date and time you need and we'll set it up. Come into Sharpton. We'll be waiting for you!

スクリプトの訳

夕食をとるのに素敵な場所をお探しですか？　19号線にあるSharptonにおいでください。ピザ、ハンバーガー、魚やその他のおいしい料理からお選びいただけます。ベジタリアン向けの料理もございます。私どもは、とても豊富な品ぞろえをご用意いたしております！　加えて、お子様たちのお誕生日パーティーのようなスペシャルイベントも承ります。その際は、あなたの息子さんもしくは娘さんには、ケーキやパイ、そしてなんといっても我々の愉快なピエロたち（の芸）をお楽しみいただけます。ご希望の日時をEメールでお送りいただきさえすれば、ご手配いたします。ぜひSharptonへお越しを。私どもはあなたをお待ちしています！

設問・選択肢の訳

1. Sharptonとは、おそらく何だと思われますか。
   (A) リゾートホテル
   (B) 映画館
   (C) レストラン
   (D) ショッピングモール

2. どんな利点について述べていますか。
   (A) 複数拠点
   (B) より長い営業時間
   (C) 幅広い種類
   (D) 低価格

3. 聴き手たちは、なぜEメールを送るよう求められているのでしょう？
   (A) スペシャルメニューについてたずねるため
   (B) イベントについて意見を言うため
   (C) 予約をするため
   (D) 配達を頼むため

Chapter 1

Part 4 攻略&勉強法

攻略1 質問文を仕分け、しっかり先読みする

Part4は、Part3と同じように、**1つの質問文に対してそれぞれ4つの選択肢があります**。ですから、**ディレクションが読まれている間に、最初の3問の質問文と選択肢をチェック**しておきましょう。

まず、Part3同様に、質問文部分はしっかり読みます。

質問文の内容が**細部についてたずねている**場合は、そこに記載されている、**細部に関する情報に集中して聴く**ようにしましょう。このあたりは、基本的に**Part3と同じ**です。

また、問題が読み上げられている間に3問ぶんの答えを塗り終わったら、**次の問題の設問部分を読む**ようにしましょう。問題文の放送が全部終わるまで、聴いている必要はありませんよ。

攻略2 先読みペースがくずれても慌てない

そもそもTOEICは、質問文を先読みすることを前提に問題作成されているわけではありません。**音声を聴いた後で解答するように作られています**。ですから、問題文の中の重要な部分がしっかり**記憶できていれば、たとえ設問の先読みのペースが崩れても正答できます**。とにかく、**決して慌てない**ことが大切です。慌てず騒がず**記憶の中を探って答えを導き出しましょう**。

また、不幸にも内容を**忘れてしまった**場合には、考えても答えが出ることはないので、その設問は**すぐに捨てましょう**。なんとなく「これかな？」というものに適当に**マークしてすぐに次の問題に移行し、時間をムダにしない**ようにしましょう。

高得点勉強法 繰り返しリスニング

Part4対策の学習法としては、普段からTOEICの問題集などに付いているCDを**携帯オーディオプレーヤー**に入れておき、**繰り返し聴いて学習**するのがおすすめです。

また、実生活の中でも、**天気予報やニュースなどを普段から本物の英語で聴いて**、耳を慣らしましょう。こういった音源はテレビのみならず、**インターネット**なども上手に活用して、リスニング力を高めていって下さい。たとえば、**企業のトップのスピーチ**などもYouTubeのような**動画サイト**にアクセスすることによって、簡単に聴いたり見たりすることができます。

TOEIC TESTの問題集だけでなく、このようなツールを能動的に利用することにより、**学習のモチベーションを高いレベルで維持**できるようになります。もちろん、**リスニングのスキルもアップ**しますので、かなり効果的な学習法といえるのではないでしょうか。

さらにこの学習法は、Part1、2、3のリスニング問題に取り組む際にも、**頭に映像を描きやすくなる**と思います。

Part4の鉄則！

- 基本的な攻略法は**Part3と同じ**と心得るべし！
（質問文先読み&仕分け・詳細質問に注意・うっかり忘れ防止）
- 質問文先読みペースが崩れても、決して**慌てるなかれ**!!
- 携帯オーディオプレーヤーを使った**繰り返しリスニング**で、リスニング力とモチベーションをアップさせるべし！

Chapter 1

リスニング・セクション 得点大幅アップ勉強法

高得点勉強法 精聴

ここまでは主に、試験本番で役に立つテクニックと各パートに適した勉強法の話をしましたが、テクニックに気を取られているばかりでは、得点の大幅アップは望めません。大事なことは、**普段から英語に触れる**ことです。

リスニングでオススメなのは「精聴」です。問題集付属のCDを聴くときも、ただ流して聴くのではなく、その英語がどんな発音なのか、**スクリプトを見て確認しながら聴く**。これがとても重要です。

高得点勉強法 発音記号の習得

また、**正しい音で読める**ようになることもリスニングには重要ですから、**発音重視の学習**をしてください。

たとえば、patient（患者）という単語を、「パティエント」と発音しているようでは、きちんとした発音＝［péiʃənt］で読まれた英語を聴き取ることはできません。正しく聴き取るためには、やはり**発音記号の勉強**が大切なのです。ぜひ身に付けて下さい。

日本人がとくに苦手な17の音

əːr…**bird**［bə́ːrd］鳥
ɑ…**hot**［hɑ́t］熱い
æ…**hat**［hǽt］帽子
ʌ…**hut**［hʌ́t］小屋
ə…**open**［óupən］開く

f…**fix**［fíks］直す
v…**very**［véti］とても
b…**job**［dʒɑ́b］仕事
ŋ…**ring**［ríŋ］指輪
l…**left**［léft］左

Section 7
Part 4 説明文問題

高得点勉強法 リピーティング→シャドーイング

段階的に、次のようなトレーニングを行いましょう。

1. ネイティブスピーカーの発音を聞いた後に、オーディオプレーヤーの一時停止ボタンを押し、リピーティングの練習をする。

⬇

2. 1. に慣れたら、ネイティブスピーカーの音に自分の発音をかぶせて、スクリプトを読みながらシャドーイングする。

⬇

3. 2. に慣れたら、スクリプトを見ずにシャドーイングする訓練を何度もする。

このようにさまざまな角度からバランスの取れた学習を実践し、**TOEIC対策と同時に実際に使える英語力の養成をする**ことが重要です。つまり、**英語力自体を向上させるのが、得点アップへの近道**なのです。問題集やTOEIC雑誌などを使って楽しみながら単語を覚えたり、英会話学校に通ったり、外国人の友だちを作って一緒にワイワイ楽しんだりして、**英語力の地力を向上させましょう！**

---

r…**red** [réd] 赤
θ…**fifth** [fífθ] 5番目の
ð…**this** [ðís] これ
ʃ…**fish** [fíʃ] 魚
ʒ…**measure** [méʒər] 計る

tʃ…**catch** [kǽtʃ] 捕まえる
dʒ…**June** [dʒúːn] 6月

Chapter 1

Section 8 — Part 5 短文穴埋め問題

Everybody needs somebody to 🐛

出題形式／例題

Part5は、**英文の空所部分を埋める**のに最適な語句を、4つの選択肢の中から選んで解答用紙にマークする形式の問題です。
全部で**40問**出題されます。それでは、実際に例題を解いてみましょう。

例題

1
These days more and more employers are ------- older workers for their experience and dedication to the workplace.
(A) sought
(B) seeking
(C) seek
(D) seeks

2
Europe's air transport network returned to normalcy one week ------- the spread of the volcanic ash began.
(A) before
(B) when
(C) where
(D) after

Section8
Part5 短文穴埋め問題

1 正解 (B)

正解文 These days more and more employers are seeking older workers for their experience and dedication to the workplace.

正解文の訳 このごろは、高い技能と職場への専念を求めて、経験を積んだ働き手を探す雇い主が増えている。

解説

空所は述語動詞の部分にあり、直前に be 動詞があることから、進行形もしくは受動態になると考えられますが、文の意味から受動態とは考えられないので、進行形となるように現在分詞形の **seeking** を選びます。

ボキャブラリー

- □ sought　seek の過去・過去分詞形
- □ seeking　seek の現在分詞形
- □ seek　(動) 探す
- □ employer　(名) 雇い主
- □ dedication　(名) 奉納；専念
- □ workplace　(名) 職場

2 正解 (D)

正解文 Europe's air transport network returned to normalcy one week after the spread of the volcanic ash began.

正解文の訳 ヨーロッパの空輸ネットワークは、火山灰まん延が始まった1週間後には正常な状態に戻った。

解説

空所の直後には節が続いていることから、接続詞が入るとわかります。文の意味は「空の交通が正常化したのは、火山灰が広まった1週間後」と考えられるので、接続詞の **after** を選びます。**after** や **before** という接続詞の前には、**one week** のような時間を表す語句を置くことができます。

ボキャブラリー

- □ transport　(動) 運ぶ　(名) 輸送
- □ normalcy　(名) 正常なこと
- □ spread　(名) 広まり　(動) 広げる
- □ volcanic　(形) 火山の

37

Chapter 1

Part 5 攻略&勉強法

攻略1 リーディング・セクションの超重要ポイントは時間配分!

　まず、Part5に限らずTOEICの**リーディング・セクション**は、100問を75分で解かなければならないため、**時間配分が非常に重要**です。とくにPart7には「ダブルパッセージ」という時間のかかる問題形式があり、ここに時間を確保したいもの。ですから、スコアアップを狙うためにも、できるだけ**Part5と6は短時間で解答し**たいのです。初めて受験したときに、問題が解き終わらないうちに時間切れになった方も多くいらっしゃるのではないでしょうか。

　そういったことから、パートに限らずリーディング・セクションでは、全般にわたって**速読の力**が重要になってくるのです(速読についての具体的な勉強法は、58ページでご説明します)。

　そしてPart 5はズバリ、**1問20秒、最悪でも30秒**を目指して解き、**もし30秒を超えるようならその問題は捨てましょう**。

高得点勉強法 Part5の学習法は「文法」と「語彙」

　次にPart5の**学習法**ですが、これは大きく分けて次の2つです。

> ①中学〜高校初級までの英文法をしっかり身に付ける ✓
> ②語彙の錬成に力を入れる

　これだけだと大変漠然としているように思えますが、**Part5で出題される分野**は偏っているので、**頻出ポイントを集中的に勉強すれ**ば高得点を取ることが可能です。

高得点勉強法 Part5の頻出ポイント

① 品詞の区別

これはたとえば、以下のような選択肢の場合。

(A) popular　　（形 人気がある）
(B) popularity　（名 流行；人気）
(C) popularize　（動 ～を広める）
(D) population　（名 人口）

このように、**単語の品詞を変えたものが選択肢になっている**ケースです。このような問題には、**単語と英文法両方の知識が必要**です。

> ▶主語 (S) の部分には**名詞**　　▶述語動詞 (V) なら当然**動詞**
> ▶目的語 (O) には**名詞**　　　　▶補語 (C) には**名詞か形容詞**

このように、**文構造から判断**します。
中でもきわめて重要なのが**形容詞と副詞の区別**です。

> ▶形容詞：**名詞を修飾**したり、**補語 (C) として使われたりする。**
> ▶副詞：名詞以外のもの＝**動詞、形容詞、別の副詞を修飾する。**
> 　　　　S、V、O、C のどれにもならない

また、形容詞と副詞に関しては次のルールをしっかり覚えておきましょう。

> ▶形容詞＋ **ly ＝副詞**　例）respective ＋ ly ＝ respectively
> ▶**名詞＋ ly ＝形容詞**　例）friend　　＋ ly ＝ friendly

品詞の判別について、こういう方法は役に立ちますが、やはり、**個別の単語や派生語を、品詞や用法に注意しながら学び、増やしていくこと**が、このタイプの問題での得点力を高めるのに有効です。

Chapter 1

② 代名詞

　代名詞とは、I、my、me…のような人称代名詞をはじめとする、**名詞の代わりになることば**です。人称代名詞にはさまざまな形があり、それをどのような場合に使うのか知ることが非常に重要です。

■人称代名詞

主格	所有格	目的格	所有代名詞	再帰代名詞
I	my	me	mine	myself
we	our	us	ours	ourselves
you	your	you	yours	yourself
he	his	him	his	himself
she	her	her	hers	herself
they	their	them	theirs	themselves

■人称代名詞のはたらき

▶**主格**：主語の部分に置く場合に使う。
　例) **I** play tennis.（私はテニスをする）

▶**所有格**：名詞の前にくっついて「〜の」という意味を表す。
　例) This is **my** pen.（これは私のペンです）

▶**目的格**：動詞や前置詞の**目的語**となる。
　例) He likes **me**.（彼は私が好きだ）
　　　He talked with **me**.（彼は私と話した）

▶**所有代名詞**：**所有格＋名詞と同じような働き**をする。たとえば文章の中に **my bike**（私の自転車）という要素が繰り返し出てきて、**bike**（自転車）がわかりきっているような場合には **mine** だけで表現する。

▶**再帰代名詞**：自分の投げかけた動作が自分に戻ってくることを表す。
　例) I looked at **myself** in the mirror.（私は自分自身を鏡で見た）
　＊「見る」という自分の投げかけた行為が自分自身に戻ってきている。

③ 動詞の形
■主語が単数か複数か

動詞の部分が空欄になっていて、**主語に合った形の動詞**を選ぶ問題です。主語が何**人称**で、**単数か複数か**がポイントになります。こう書くと簡単に聞こえますが、実際の問題では**主語と動詞が離れている**場合が多いので、素早く主語を見抜く力が必要になってきます。

■動詞の時制

動詞の時制は、大まかに以下のように分けられます。

> ▶現在形：**習慣的**な行為や状態を表す ✓
> ▶進行形：**一時的**な状態や、**進行中**の動作を表す
> ▶現在完了形：**現在まで**の完了・継続・経験を表す

問題文全体の意味から判断して、これらの**どの時制を使うのかを見極める力**を磨くことが大切です。また、yesterday（昨日）や since last week（先週から）のような**時を表す副詞句**を見逃さないようにすることが大切です。

■動詞の形　準動詞

準動詞とは、動詞の形を変えて別の働きをさせるものです。

> ▶動名詞：動詞を -ing 形にして**名詞の働き**をする。 ✓
>   　　　たとえば run を running にすると、「走ること」という名詞の意味になる。これは、S、O、C そして前置詞の直後に置いて使う。
> ▶不定詞：to ＋動詞の原形で、**名詞、形容詞、副詞の働き**をする。
> ▶分詞：現在分詞形(-ing)と過去分詞形で、**形容詞の働き**をする。
> ▶分詞構文：現在分詞形 (-ing) や過去分詞形で、**副詞の働き**をする。

Chapter 1

　これら準動詞の問題を解く場合も、**空所の部分がどの品詞の働きをしているか、ということを見抜く**力が大変重要になります。

④ 関係詞
■主語が単数か複数か
　関係詞は名詞の直後に付いて、その**名詞を修飾**する部分を作る際に使われるものです。さまざまな種類があるので、これらを**しっかり区別しておく**ことが重要です。

■関係代名詞

> ▶**主格**：修飾される名詞が　人　→　who / that
> 　　　　（先行詞）　　　　　　物　→　which / that
> 　　※直後には動詞が続く。
> ▶**所有格**：先行詞の所有物を直後で**修飾**する場合に用いる。
> ▶**目的格**：先行詞が　人　→　who(m) / that
> 　　　　　　　　　　　物　→　which / that
> 　　※これらは多くの場合省略される。そして**直後に続く文は、目的語のない不完全な文**となる。
> ▶**関係代名詞の what**：直後に動詞や、目的語のない不完全な文が続く。what の中には「こと；もの」という先行詞が含まれる。

■関係副詞

> ▶先行詞が**時を表す言葉**　　→　when
> 　　　　　**場所を表す言葉**　→　where
> 　　　　　**理由**　　　　　　→　why
> 　　※直後には**文の要素がすべてそろった完全な文**が続きます。

⑤ 前置詞・接続詞

■前置詞
　直後に名詞を伴い、場所や時などを表すために用いるつなぎことばです。前置詞＋名詞の部分は、**直前の名詞を修飾する形容詞の働きや、動詞などを修飾する副詞の働き**をします。

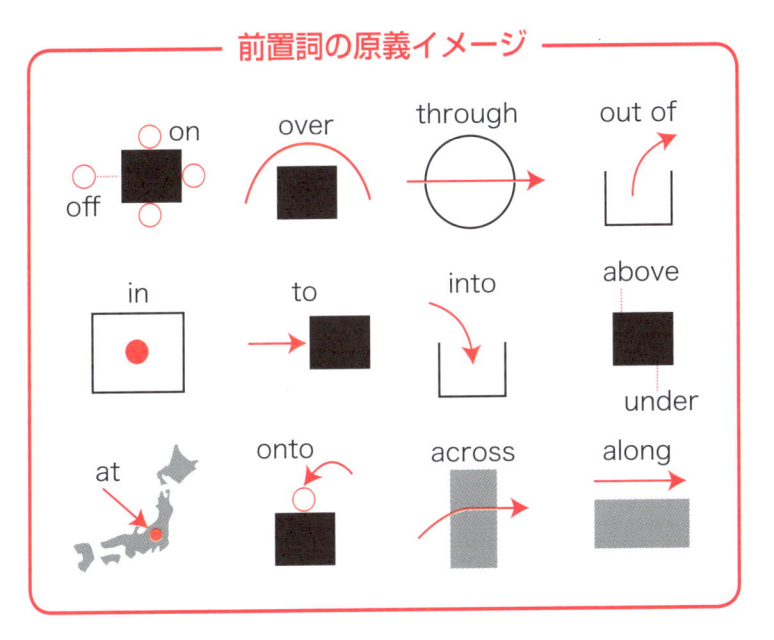

───── 前置詞の原義イメージ ─────

on / off

over

through

out of

in

to

into

above

under

at

onto

across

along

■接続詞
等位接続詞：文などのさまざまな要素をくっつけて並べられます。
　　　　　　and、or、butなど。
従位接続詞：節と節をくっつけられますが、従位接続詞が導く節の方が、もう一方の節（主節）に**付属する関係**となります。つまり**上下関係**が生まれるわけです。
　　　　　　when、if、thoughなど。

Chapter 1

Section 9 — Part 6 長文穴埋め問題

出題形式／例題

　Part6は、長文の中の空欄に最適な語句を、4つの選択肢から選ぶ形式。長文は3つ、各長文に4問で**合計12問**、出題されます。

例題

X-Facts Business News

Still Hope for the Adelta-Bi Xiu Merger?

By Miles Kim

Adelta Steel Corporation and Bi Xiu Manufacturing Inc. have been discussing a merger for over three months, but no agreement has been reached yet. Now, observers are intensively debating its -------.

1. (A) prospects
   (B) conviction
   (C) location
   (D) interference

Ⓐ　Ⓑ　Ⓒ　Ⓓ

A core issue under ------- between the two companies is control

2. (A) considerable
   (B) consideration
   (C) consider
   (D) considerably

   Ⓐ Ⓑ Ⓒ Ⓓ

over the proposed merged entity.

Rumors state that since Bi Xiu is the larger firm, its board of directors is insisting that it should be the dominant partner.

-------, Adelta has the more advanced technology and so has

3. (A) As an example
   (B) Therefore
   (C) However
   (D) In addition

   Ⓐ Ⓑ Ⓒ Ⓓ

insisted otherwise.

If no compromise can ultimately be reached, the two companies may abandon their efforts. Alternatively, the two companies could agree to joint control of a merged entity, despite some operational problems that would entail.

Chapter 1

1　正解　(A)

☞ 解説

文の意味と選択肢の名詞の意味を考えながら、意味的に適切な名詞を選択する問題。**prospects** は「見込み」、**conviction** は「確信」、**location** は「所在」、**interference** は「干渉」という意味なので、経営統合のなりゆきに関して討議しているこの文脈では、**prospects** が最も適切です。

2　正解　(B)

☞ 解説

under は前置詞なので、その目的語となる部分である空所には、名詞が入ると考えられます。選択肢の中で名詞は **(B)** の **consideration**（考慮）のみです。**-tion** は名詞を作る接尾辞です。また、**under consideration** は「考慮されている」という述語表現です。

3　正解　(C)

☞ 解説

文脈から、**Bi Xiu** 社と **Adelta** 社が経営統合の内容に関して対立している噂があるということがわかります。**Bi Xiu** 社が主導権を握りたい一方で、空所の直後には **Adelta** 社は **insisted otherwise**（その別の方向性を主張している）とあります。このように前後の内容が対立している場合には、逆説の意味を持つ **however**（しかしながら）のようなつなぎ言葉を用います。**(A)** の **as an example** は具体例を挙げる場合、**(B)** の **therefore**（ゆえに）は順接の場合、**(D)** の **in addition**（加えて）は内容を追加する場合に用いられます。

Section 9
Part6 長文穴埋め問題

問題文の訳

X-Facts ビジネスニュース
AdeltaとBi Xiuの合併にまだ望みはあるか？

Miles Kim

Adelta Steel CorporationとBi Xiu Manufacturing Inc.は、合併について3ヵ月以上検討し続けているのだが、今のところ合意には至っていない。現在、オブザーバーたちはその見込みについて激しく討論しているところだ。2社の間で検討中の核心問題は、合併事業体に対する管理権である。

Bi Xiuのほうがより大きい会社であり、そのためBi Xiuの役員会は自分たちが支配的なパートナーになるべきだと強く主張しているという噂だ。

しかしながら、Adelta の方はより進歩した技術を持っており、だからAdeltaはその点について主張している。

もしも、最終的に和解に至らなければ、2社はその努力をあきらめるだろう。あるいは、合併事業体の共同管理について2社が合意することもありうる —— いくつかの経営上の問題を伴うけれども。

ボキャブラリー

□ merger	名	合併；合同
□ observer	名	観察者；オブザーバー
□ intensively	副	集中的に；激しく
□ debate	動	討論する
□ prospect	名	見込み　動 調査する
□ core issue		核心問題
□ merge	動	合併する
□ entity	名	実在するもの；本質；事業体；団体
□ firm	名	商会；会社　形 固い　動 固まる
□ board of directors		役員会；取締役会
□ dominant	形	支配的な；優勢な
□ compromise	名	譲歩；和解　動 譲歩する
□ ultimately	副	最終的に
□ abandon	名	自暴自棄　動 あきらめる
□ alternatively	副	代わりに；あるいは
□ joint control		共同管理
□ despite	名	軽蔑　前 ～にもかかわらず
□ operational	形	使用可能な；経営上の
□ entail	名	必然的結果　動 ～を伴う

Chapter 1

Part 6 攻略&勉強法

攻略1 時間配分は1問30秒！

まず、リーディング・セクションで大切な**時間配分**ですが、Part 6は1問30秒を目安に、**可能であれば20秒**を目指しましょう。

攻略2 Part6の質問は2種類！

Part6の問題には2種類あります。

> ▶タイプ1：**文章全体**、もしくは**前後の文**をある程度読まないと解けない問題
> ▶タイプ2：**空欄部分の前後だけ**を読めば解答可能な問題

そこで攻略法としては、**まずタイプ2の問題から解く**ようにしましょう。**品詞の種類を答える**ような問題が、これにあたるでしょう。対して、**接続副詞**のhowever（しかしながら）やtherefore（ゆえに）などのような**論理マーカー**を選択する、タイプ1の問題は、**前の文と後ろの文の関係**を把握しなければ解答できません。

このような**タイプ1**の問題は、**まずは空欄前後の文**を読みましょう。もしそれだけでは空欄に入る選択肢が分からない場合に限り、**文章全体を読む**ようにして下さい。

高得点勉強法 基本的にはPart 5と同じ

Part6の**出題傾向**としては、上記のタイプ1＝文と文のつながりを問うような問題を除けば、Part 5と同じような文法や語彙に関

する問題がほとんどです。
　ですから勉強法もPart 5と同様に、**中学～高校初級までの英文法習得**と**語彙の錬成**を行うことが大切です。

■論理マーカーの絞り込み■

論理マーカーは、以下の4カテゴリーに分類して考えましょう。

1	順接	therefore as a result in conclusion consequently	それゆえに その結果 結論として その結果
2	逆接	however on the other hand yet nevertheless	しかしながら その一方で しかし それでもなお
3	追加	besides in addition moreover furthermore	それに加えて それに加えて さらに さらに
4	同格（具体化）	for example such as ~	たとえば ~のような
	同格（要約）	briefly in short	手短に言えば 要するに
	同格（換言）	in other words	別の言い方では

Chapter 1

Section 10 Part 7 読解問題 対策

出題形式／例題

Part7は、社内回覧やE-mail、新聞記事やメニュー、募集広告などの英文を読んで、その**内容に関する質問に答える**形式です。全部で**48問**出題されます。

例題

Kahn Co.

Have you seen what we have?

At Kahn Co., our buses have long proven their worth on all types of roads. Within cities, our buses can change or expand their routes quickly and cheaply to new zones that match population trends; this is unlike subway or train systems, where it is enormously expensive to make such changes.

Bus fares also remain substantially cheaper than other forms of long-distance intercity travel, particularly trains or planes.

In addition to these traditional advantages, our buses are finding new uses among modern users.

As a case in point, we are selling more and more buses to be rented for a variety of purposes.

Some groups are renting buses to celebrate a social or sports event. These buses are often luxurious enough to hold couches, digital media appliances, beverage counters, and even hot tubs.

Also, buses rented for long-distance corporate travel may contain a variety of Internet-enabled devices, small desks, and seating areas arranged into conference-type shapes.

The factories of Kahn Co. have been making buses for all of the uses noted above, and currently occupy over 47% of the entire market.

So whether you are a municipality seeking to optimize mass transportation systems, or a travel company which needs a fleet of reliable buses to serve clients for social or business needs, turn to us!

1. What kind of business is Kahn Co. in?
   (A) Urban development
   (B) Industrial consulting
   (C) Hotel accommodations
   (D) Vehicle manufacturing

2. According to the advertisement, what is a disadvantage of subways?
   (A) System changes may be difficult.
   (B) Travel fares may be relatively high.
   (C) They may be unsuitable for intercity routes.
   (D) They may take a long time to construct.

3. Whom does the advertisement identify as potential clients?
   (A) Bus repair services
   (B) Sports equipment factories
   (C) Local authorities
   (D) International travel guides

Chapter 1

1 正解 （D）

☞ 解説

とくに第1段落と最後の段落の内容から、**bus**（バス）を製造販売している会社だとわかります。ただし、問題のカギとなる言葉（この場合は **bus**）は、別の言葉で言い換えられている可能性があることを念頭において問題に取り組みましょう。案の定、ここでは **vehicle**（乗り物）という語が使われています。**bus=vehicle** が、正解を導き出すポイントです。

設問・選択肢の訳	カーン社はどんなビジネスに携わっているのですか。 (A) 都市開発 (B) 企業コンサルティング (C) 宿泊施設 (D) 乗物の製造

2 正解 （A）

☞ 解説

disadvantage of subways（地下鉄の欠点）を選ぶ問題です。第1段落に「地下鉄や電車はシステムを変える際に膨大なお金がかかる」とあり、これはつまり「システムの変更が難しい」ことを示唆しています。そうすると、**(A)** が正解だと分かります。**(B)** は値段が高いのは「運賃」であるとなっているので違います。**(C)** と **(D)** については述べられていませんので、難しく考えず消去しましょう。

設問・選択肢の訳	広告によれば、地下鉄の欠点とは何ですか。 (A) システムの変更が難しい。 (B) ほかと比べて運賃が高い。 (C) 都市間のルートに向いていない。 (D) 建設に時間がかかるかもしれない。

3 正解 （C）

☞ 解説

(A) は「バス修理業者」、**(B)** は「スポーツ用品工場」、**(C)** は「地方自治体」、**(D)** は「国際旅行ガイド」です。これは本文の **municipality** という語の言い換えが **local authorities** だとわかれば、すぐ答えが出ます。ただし、この単語を知らなくても **(A)** と **(B)** と **(D)** が不適切だと分かれば、消去法で正答が可能です。

設問・選択肢の訳	この広告が潜在顧客とみなしているのはだれですか。 (A) バス修理業者 (B) スポーツ用品工場 (C) 地方自治体 (D) 国際旅行ガイド

| 文章の訳 |

カーン社
私たちの製品をご覧になったことがありますか？

設問1 カーン・コーポレーションが製造しているバスは、長い間、あらゆる種類の路上において、その価値を実証してきました。都市部においては、わが社の生産するバスは、人口の増減に応じて、素早く、低価格で、設問2 走るルートを新たなゾーンに変えたり、広げたりすることができます；これが、設問2 そうした変更を行うのに、莫大な費用がかかる地下鉄や鉄道網と異なる点です。

バス料金は、今でも、他のいかなる都市間長距離移動のための方法、とくに列車や飛行機と比べて、大いに安い値段にとどまっています。

そのような伝統的に有利な点に加え、わが社のバスは、現代の利用者による、新しい使い方も提供しています。

1つの例として、わが社は、さまざまな目的のために貸し出される、ますます多くのバスを販売しています。

ある団体は、社交場のイベントやスポーツイベントのためにバスをレンタルします。これらのバスはしばしば非常に豪華で、ソファやデジタルメディア機器、ドリンクカウンター、そしてジャグジーさえも装備することができます。

また、会社の長距離法人旅行のために貸し出されるバスには、さまざまなインターネット機器や、小さな机、そして会議に使えるようアレンジされたスペースなども装備できます。
設問1 カーン社の工場では、上記のようなあらゆる目的のための設問1 バスを製造しており、現在、全市場の47％を占めています。
ですから設問3 公共の交通機関を改善しようと考えていらっしゃる地方自治体や、クライアントの社交的あるいはビジネス上の用途に合った信頼できるバスを提供したいと考える旅行会社のみなさまは、ぜひ当社をご利用ください！

Chapter 1

ボキャブラリー

- □ population trend 人口すう勢
- □ unlike (形) 似ていない
- □ enormously (副) 非常に
- □ substantially (副) 大幅に；実質上
- □ intercity (形) 都市間の
- □ particularly (副) かなりの；とりわけ
- □ luxurious (形) ぜいたくな
- □ appliance (名) 電化製品
  (動) 〜に器具を取り付ける
- □ corporate (形) 法人の；集団の
- □ contain (動) 含む
- □ device (名) 機器；道具
- □ currently (副) 現在は；今や
- □ occupy (動) 〜を占領する
- □ municipality (名) 地方自治体
- □ optimize (動) 楽観する；最適化する
- □ fleet (名) 海軍
  (形) 速い
  (動) 速く動く
- □ reliable (形) 信用できる

Section10
Part7 読解問題

Part 7 攻略&勉強法

攻略1 時間配分は1問1分が基本！

ここで今一度、時間配分について振り返ってみましょう。

> **リーディングセクションの試験時間：75分間**
> ▶Part 5：1問20秒×40問＝13分20秒
> ▶Part 6：1問30秒×12問＝6分
> ↓
> **残り時間：55分40秒**
>
> ▶Part5・6：1問30秒×52問＝26分
> ↓
> **残り時間：49分**

つまり、Part5を1問30秒、Part6を1問30秒で解答すれば、**Pat7で使える時間は49分**となります。すなわち、**1問に1分使う**ことが可能ということですね。もっと順調に進んだ場合——Part5を1問20秒で終えれば13分、Part 6を1問30秒で終えれば6分なので、合計19分。つまり、20分以内に終えることができるのです。そうすれば**約55分をPart7に使うことができます**。

以上のことから、Part 7は基本的に1問につき1分と考えましょう。しかし最後の方のダブルパッセージの問題（2つの文書についての質問に答えるもの）は、読むのが大変でもっと時間がかかるかもしれません。ですからそれまでは、1問1分とは言わずにできるだけ**前倒し**して問題を解き、余裕を持って最後まで回答できるようにしましょう。

Chapter 1

攻略 2 設問の傾向を見極める！

Part 7の設問も、以下のように2種類の傾向が見られます。

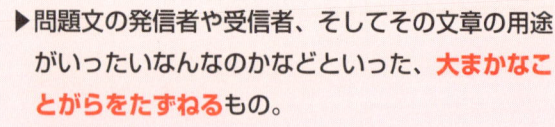

> ▶問題文の発信者や受信者、そしてその文章の用途がいったいなんなのかなどといった、**大まかなことがらをたずねる**もの。
> ▶本文の一部に述べられていること、**ディテールを問う**もの。

ですから、設問を読むときにはまず、それが何を聞いているのかを、考えるようにしましょう。そうやって**設問を分類してから、本文を読んで答えを探していくクセをつける**と、限られた試験時間を有効に使えるのです。

攻略 3 時間短縮テクニックを身に付ける！

そして、この2タイプの設問のうち、とくにミクロ的なことについてたずねているものは、**本文を読みながら答えを決めてしまう**と、時間短縮につながります。

さらに、**メニューや案内書**のような英文では、設問を先に読み、どのような情報が書かれているか検索する**「スキャニング」**が読解の鍵になってきます。たとえば、設問文にwhenやwhereなどの疑問詞がある場合には、英文の中の時や場所が書かれている部分を読みます。それによって設問に該当する情報が得られたなら、**他の英文を無理に細かく読む必要がなくなります**。こう書くと難しそうに感じるかもしれませんが、これは、私たちが普段日本語の新聞などを読んでいるときと同じ読み方なのです。英文を読む特別な方法と

いうわけではありません。

ただし、設問によってこのような方法が使えない場合もあります。たとえば、What is **not** mention in the passage?（この文書で言及されて**いない**ことは？）のような設問がそれにあたります。こういう設問があった場合は、**英文全体をしっかり読む**必要がありますが、それには**時間がかかります**。

そこで、**指に選択肢を割り当てる方法**をここでも使います。

1 まずは、4つの選択肢を指に割り当てます。
  例：人差し指＝(A)／中指＝(B)／
  薬指＝(C)／小指＝(D)

  ↓

2 英文の中に選択肢と合致する内容があったら、その選択肢にあたる指を折り曲げます。

  ↓

3 残った指の選択肢が正解になります。
  例：薬指が折り曲がらずに残った＝(C)が正解

攻略4 ダブルパッセージ問題のコツ

Part7の最後の数セットは、2つの文書からなる**ダブルパッセージ形式**ですが、まず把握しなければならないのは、それぞれの**文書の発信者、受信者、意図と、その2つの文書の関連性**です。

たとえば、「最初のパッセージが会社の求人広告で、2つ目がそれに応募してきた人のメールだな」とか、「コピー機の修理依頼メールと、それに対する業者からの返事だ」のような感じですね。この**「文書の意図」が把握できないと問題が解けない**ことが多いですから、最初の段階でしっかりつかんでおきましょう。

Chapter 1

リーディング・セクション 得点大幅アップ勉強法

高得点勉強法 速読力を身につける！

リーディング・セクション全体にわたって大切なのは、**速読力**です。速読力とは、英語を英語のまま理解する能力、つまり**直読直解力**のことです。

たとえば、dog（犬）という単語について、「dog→犬→犬の絵」という順番で、dogが犬だとイメージさせるような英語教育を行っている中学校、高校もあります。

しかし、TOEIC TESTで要求される「**実用的な英語力**」を身に付けるためには、dogという単語を見て、犬という日本語を介さずに、犬の絵が頭に浮かんでくるようにしなければなりません。つまりTOEICでは、**英語を和訳する力を要求されることはない**のです。ですから、最初は和訳方式から脱却し、英語を英語のまま理解する、直読直解の訓練をするようにしましょう。

まず、英文を速く読めない理由の1つとして、つい、英語を日本語に訳そうとして、**英文を右から左へ戻って解釈しようとしてしまう**ということが挙げられます。しかし、本来、言語というのはそのままの語順で読んで理解していくものです。したがって、**左から右への一方通行で目を動かして英文を理解する**ことが速読につながります。とはいえ、一度ついてしまったクセは、そう簡単に消し去ることはできません。

そこで基本となる有効な訓練方法が、**音読**です。

音読では、左から右への一方通行で英語を発音して読んでいくので、**英語を英語の語順のまま理解する読み方を身に付けることができる**のです。また、声を出しながら英語を日本語に訳して理解す

ることはできませんから、英語を読みながらその内容を頭の中にイメージするようになります。こうして、**音読する速度で英文を読める**（理解できる）ようになるのが、**直読直解の第一歩**になります。そして、56ページで触れた「**スキャニング**」のテクニックにしても、このプロセス抜きではできるようになりません。そういった面でも音読は**重要なトレーニング**であると言えるでしょう。まずは、「音読するスピードで英文を理解する」ことを目指して！

　それができるようになったら、**読む速度を徐々に上げていきましょう**。ゆっくり読むのに慣れてしまうと、いつまで経っても英文理解のスピードは上がりません。

　そして、音読で速く読み理解できるようになったら、次は、**声を出さずに黙読する**訓練をして下さい。**黙読しながらも頭の中で文字が音声化**されますが、**音読よりも速く英文を読める**ようになっていきます。

　そしてこれを繰り返していくと徐々に頭の中で**文字が概念化される**ようになっていきます。このレベルに達すれば、TOEIC TESTのリーディング・セクションにおいて、時間制限で悩むことはなくなるでしょう。

ステップ1　声に出して英語を音声化する
　↓
ステップ2　頭の中で音声化する
　↓
ステップ3　頭の中で概念化する

　くれぐれもこの順番を守って、英文の速読力を身に付けましょう。焦っていきなりステップ3の能力を身に付けることは無理です。

Chapter 1

Section 11 TOEIC SWテストのススメ

CHECK POINT 1 今後重視される可能性は大！

　TOEICには、リスニングとリーディングの能力を客観的に測るテスト以外に、**スピーキング**と**ライティング**のテストがあり、私はこのテストの受験を推奨しています。なぜなら、990点満点のTOEIC TESTは、やはりあくまで英語の聴く力と読む力をテストするものだからです。そして、国際舞台で活躍する際には、その2つの力に加えて、英語を**話す力と書く力**が必要だからです。

　そういったことから、今後、企業の採用試験などでも、このスピーキングとライティングのテストの採用率が高まっていく可能性は十分考えられます。ですから、リスニングとリーディングのTOEIC TESTに加えて、このスピーキング＆ライティングテストも、みなさんのTOEIC勉強スケジュールに組み込んで下さいね。

CHECK POINT 2 その受験スタイル

　このテストは筆記試験ではなく**パソコンブース**の中に入って個別に受験するスタイルです。

　ブースに入った後、受験者は**マイク付きのヘッドフォン**を装着します。そして**パソコンに表示される指示に従って**テストを進めます。解答した内容は、パソコンのハードディスクに記録され、それが客観的に採点される仕組みになっています。

CHECK POINT 3 スピーキングテストの内容

スピーキングテストでは、6種類の問題が出題されます。

1. アナウンスや広告の内容を音読する**「音読問題」**
2. 写真を見て説明をする**「説明問題」**
3. 身近なことに関して短いインタビューに答える**「応答問題」**
4. 提示された文書に対して答える**「提示された情報に関する応答問題」**
5. メッセージなどを聞きその解決策を提案する**「解決策提案問題」**
6. あるテーマに対して**「自分の意見とその理由を述べる問題」**

問題の内容は、**ビジネスに関することがら**が出題されますから、このテストで高得点を取れれば**ビジネスに役立つスピーキング能力**が確実に身に付いたと言えます。とくに、英会話学校などに通って英語を勉強しているみなさんは、通常のTOEIC TESTよりもこのテストの方が、英語力を測るのに適しているでしょう。

CHECK POINT 4 ライティングテストの内容

ライティングテストでは、3種類の問題が出題されます。

1. 与えられた英単語を使い写真を描写する**「写真描写問題」**
2. E-mailを読み返信を作成する**「E-mail問題」**
3. 提示されたテーマに関して自分の意見を書く**「エッセー作成」**

こちらも**英語を実際に発信する力**を試すテストですから、**英語の**

Chapter 1

実践力を測ることができるテストと言えるでしょう。採点も客観的にされますので、本当の英語力錬成のためにこのテストを**年に1回**は受験してみてください。スコアは**各200点ずつの400点**で採点されます。

CHECK POINT 5 スピーキング&ライティングテスト対策

この2つのテスト対策としては、**音読や英文の暗誦**などのトレーニングをして、**話す力を日常から鍛える**ことが大切です。また、**自分で書いた英文を添削**してもらいながら、英語の文章力を高めましょう。この2つの力が身に付けば、ビジネスの現場で**すぐに役立つ力**が付いた証拠にもなります。

つまり、英語を聴く、読む、話す、書くという4つの力を身に付ける訓練をすることによって、**TOEICのスコアが上がるだけではなく、実用英語の錬成**につながります。

いろいろと迷うよりは、まずは一度受験してみることをおすすめします。スコアうんぬんよりも、受験のプロセス自体が、**英語の反射神経**を鍛えるための良い訓練になるからです。

さて、ここまでで、TOEIC TESTの各パートへの対策についての話は終わりですが、みなさんの英語学習が単なる「試験対策」に終わってしまわないことを、私は願っています。

音読を取り入れた英語学習を、「**毎日**」「**楽しく**」続けて、**英語の地力**を上げていってください。

あなたは、絶対に、英語ができるようになります。

Chapter 2

Part 1
写真問題
集中レッスン

写真を見て、その内容について正しく述べている英文を選ぶPart 1は、言うなればTOEIC TESTの「はじめの一歩」です。ここでつまずかないために、1日5分の集中レッスンに取り組みましょう。

Part 1 攻略4つのポイント		64
Scene 1	店	70
Scene 2	オフィス	78
Scene 3	さまざまな物品	86
Scene 4	寝室・レストラン	94
Scene 5	公共の施設	102
Scene 6	プライベートな空間	110
Scene 7	乗物	118
Scene 8	水辺	126
Scene 9	建物正面	134
Scene 10	街中の風景	142
Scene 11	人物	150
模擬試験 A		160
模擬試験 B		170

Chapter 2

TOEIC受験の最初でつまづかないための
Part1 攻略
4つのポイント

　ここでは、TOEIC TEST のはじめの一歩である、Part1 の「写真描写問題」を攻略する、4つのポイントについて話を進めます。

　まずは最初の最初、「Part1 の写真をどうやって見れば得点につながるか」から始めましょう。

攻略1　写真内の重要点をチェック！

　Part1 では、**ビジネスマンが日常生活で遭遇するさまざまな場面**の写真が出題されますが、それは人物写真から風景写真まで多岐に渡ります。試験本番では、ディレクション（説明音声・英語）が流れ始めたらすぐに写真をざっと見て、その写真の中心となるものが、**人物**なのか、**風景**なのかなどをチェックしておきましょう。

　人物の写真の場合は、「**男性・女性**」、「**単数・複数**」、「**服装**」などをチェックします。さらに、人物が**どこ**で**どのような行為**をしているかを想定することも重要です。

　風景写真の場合は、その風景に映っている**物品を英語で何と呼ぶか**想定しておくと、英文で読み上げられる内容が聴き取りやすくなります。また、物品の**位置関係**なども把握しておくことも大切です。

.... **Part1 攻略4つのポイント**

- tree (木)
- soil (土) / ground (地面)
- shirt (シャツ)
- chair (いす)
- bush (茂み)
- type (タイプする)
- woman (女性) / person (人)
- (laptop) computer (〈ラップトップ型の〉コンピュータ)
- table (テーブル)

Chapter 2

攻略2 選択肢の時制に注意する！

Part1の選択肢では、**「時制」が非常に重要**です。

写真の中に人物が写っている場合、その人物は**何かをしている**わけですから、**現在進行形**が使われることが多くなります。ただし、**現在進行形は、現在形と混同しやすい**ので注意しましょう。

たとえば、次の2つの英文を比較してみましょう。

> ① He rides motorcycle.
> ② He is riding motorcycle.

①は現在形で書かれています。

現在形は日常的に行っている行為を表しますから、日本語訳は、「**(日常的に)** 彼はオートバイに乗る (**習慣を持っている**)」です。

一方、②の**現在進行形は、今その行為をしている**ことを表しますから、日本語訳は、「(**今まさに**) 彼はオートバイに乗っている」となります。

写真を見ただけで、その人が日常的、慣習的に行っていると判断できることはまずありませんから、Part1では**進行形が使われていることが多い**のです。

また、紛らわしい時制として**過去形**と**現在完了形**があります。
次の2つの英文を比較してみましょう。

> ① They waited for the meal.
> ② They have been waiting for the meal.

①は**過去形**で、「彼は食事を待っていた」となります。ですが、

Part1 攻略4つのポイント

Part1 では現在行われていることに焦点が置かれます。ですから、②の「彼はずっと食事を待っている」という**現在完了形**が使われることが多くなるのです。

現在完了形は、現在までの**「完了」「継続」「経験」**を表すことができます。この**現在完了形の表現や感覚に慣れておく**こともPart1 の対策としては必要になってくることを覚えておいて下さい。

受動態の進行形にも注意が必要です。
次の2つの英文を比較してみましょう。

> ① **The road is paved.**
> 　（その道は舗装されている）
> ② **The road is being paved**.
> 　（その道は舗装されているところである）

①の**受動態の現在形**では、「道が（**すでに**）舗装されている」という状態を表しています。一方、②の**受動態の現在進行形**では、「（現在）道が舗装されている（**最中**）」であることを意味しています。このように **be 動詞＋ being ＋ Vpp** の形は「**（現在）V されている**」という進行中の状態を表すことがきます。

ですから、前者であれば写真には、**すでに舗装された道**が写っているでしょうし、後者であれば、**人が道を舗装している状況**が写真に写っているでしょう。

このように Parrt1 では、写真を**描写するための限定された英語表現**になるので、**時制表現がある程度決まった形になる**のです。ですから、現在形と現在進行形、過去形と過去完了形、受動態と受動態の進行形を、それぞれしっかり学習しておいて下さい。

Chapter 2

攻略 3 選択肢の前置詞に注意する！

　写真描写の問題では、**前置詞**も重要なポイントです。

　前置詞は、**人の動きや物の位置**を表しますから、選択肢の中で写真描写に**適切な前置詞**が使われているかチェックするようにしてください。

　そして前置詞は、単なる日本語訳だけではなく、その前置詞が表す**立体的なイメージ**を覚えておくことが大切です。たとえば on という前置詞を例にとって考えてみましょう。

　on を単純に「**上に**」とだけ覚えてしまうと、正確な on の意味が理解できなくなってしまいます。

　たしかに、机の「上に」リンゴが置かれていることを英語で表現する場合には、There is an apple **on** the desk. となります。しかし、「壁に絵が掛かっている」と表現する場合にも、There is a picture **on** the wall. と表現します。「天井にハエが止まっている」という場合にも There is a fly **on** the ceiling. となります。

　つまり、「**横**」でも「**上**」でも on という前置詞が使われます。ですから、on を「**接触を表す前置詞**」と覚えておけば、写真の中で接触している状態がある場合には、on が使われると分かるのです。

　このような**前置詞がもつイメージ**は、Part5 でも重要となってくるポイントであるため、**43 ページ**で一覧としてまとめてありますので、参考にして下さい。

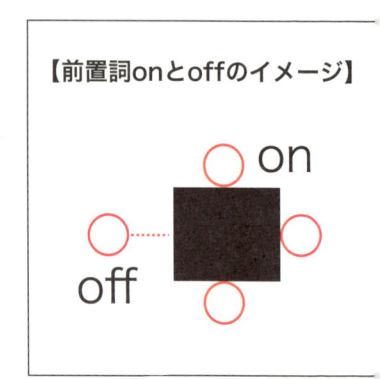

【前置詞onとoffのイメージ】

攻略4 選択肢内の単語に気をつける！

このパートの選択肢を聴く際に気をつけなくてはいけない要素のひとつに、**子音が同じだが母音が異なる音の英単語**というのがあげられます。たとえば、work [wə́:rk] と walk [wɔ́:k]、hurt [hə́:rt] と heart [hɑ́:rt] などがその代表です。このような、**正解の選択肢と発音が微妙に違う**ものが混在している可能性を、意識しながら注意して聴きましょう。

しかし、l と r、b と v の区別など、国によっては発音しづらい&聴き取りにくいとされるようなものは、あまり出題されません。もちろん、普段の英語発音学習ではしっかり学ぶ必要がありますが、非英語圏の国の人たちにとって、部分的に発音するのが苦手な英単語は、TOEIC ではあまり出題されません。

そして、**多義語**の学習も重要です（これは Part1 に限らず、TOEIC の学習全般で言えることですが…）。

たとえば、company という単語は「会社」という意味の他にも「**仲間**」という意味がありますし、face は「顔」という意味だけでなく、「**直面する**」という動詞の意味で使われます。play は「遊ぶ；（スポーツ・遊びを）する；（楽器）を演奏する」という動詞の意味のほかにも名詞で、「**劇**」という意味もあります。

このような**基本単語**には**意外な別の意味**があることも多いので、単語帳などでしっかり理解しておきましょう。

また、**写真の中心に置かれている物が正解でない**場合や、**別の単語で表現される**場合もあります。ですから、写真を見て**思い込みで判断しない**ように肝に銘じておくことも大切です。

Chapter 2

CD 6〜10

Scene1 店

　洋品店や食料品店、スーパーマーケット、ベーカリー……などなど、さまざまなお店のシーンを使った練習問題にチャレンジしてみましょう。

　写真を見ながらCD音声を聴き、その写真の内容を最も適切に表現していると思われるものをA〜Dの中から1つ選んでください。

　なお、TOEICの本試験では問題冊子や解答用紙にメモや書き込みをすることは禁止されており、不正行為とみなされます。本番のつもりで取り組んでみてください。

1.

Ⓐ　Ⓑ　Ⓒ　Ⓓ

Scene1

2.

Ⓐ Ⓑ Ⓒ Ⓓ

3.

Ⓐ Ⓑ Ⓒ Ⓓ

→ GO ON TO THE NEXT PAGE

Chapter 2

4.

Ⓐ Ⓑ Ⓒ Ⓓ

5.

Ⓐ Ⓑ Ⓒ Ⓓ

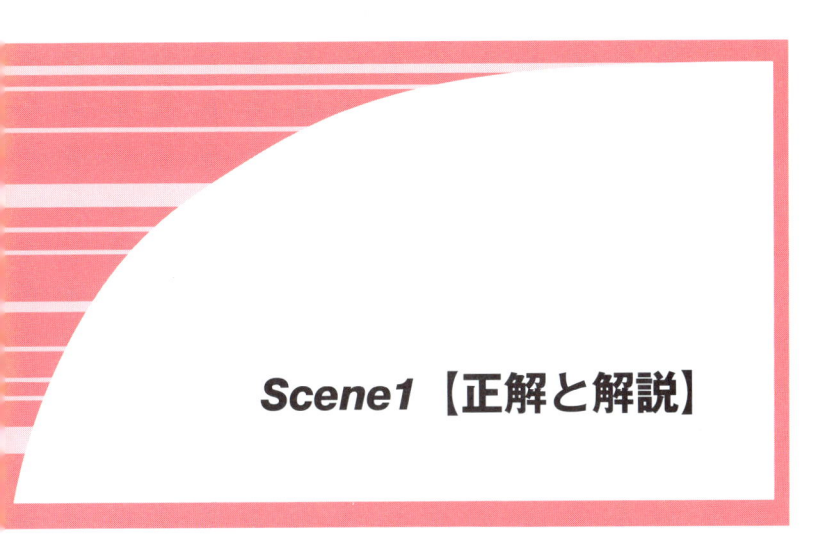

Scene1【正解と解説】

1. 正解 （C） 　　　　　　　　　　　　　　　　　　　　　CD 6

解説
A) 写真のどこにもショッピングカート（**store cart**）はないので不正解。
B) 写真の中のラック（**rack**）は、上下がさかさまの（**upside down**）状態にはなっていないので不正解。
C) 正解。「商品（**goods**）が、陳列されている（**have been put on display**）」という意味。
D) 写真と内容が一致しないので不正解。**class** を **glass** と聞き間違えないように注意。

スクリプト 　(A) The store cart is outside the window.
　　　　　　(B) The shop racks have been turned upside down.
　　　　　　(C) Goods have been put on display.
　　　　　　(D) Classes are being held in the room.

スクリプトの訳 　(A) ショッピングカートは窓の外にある。
　　　　　　　(B) 店のラック（棚）は引っくり返されている。
　　　　　　　(C) 商品が展示されている。
　　　　　　　(D) 部屋の中では授業が行われているところだ。

Chapter 2

2. 正解 （C）　　CD 7

☞ 解説

(A) 棚（**shelves**）に備えられている（**have been stocked**）のは衣類（**clothing**）ではないため、不正解。

(B) 棚にはたくさんの液体（**liquid**）が瓶（**bottles**）に入って並べられているが、瓶から注がれている（**has been poured from bottles**）わけではないので不正解。

(C) 正解。**inventory** は「在庫品」、**in rows** は「（複数の）列になって」という意味。

(D) **container** は「容器；（貨物用）コンテナ」、**fill up** は「（場所やすき間を）満たす」という意味。どちらも写真と一致しないので不正解。

スクリプト　(A) The shelves have been stocked with clothing.
(B) Liquid has been poured from the bottles.
(C) Inventory has been arranged in rows.
(D) The containers are being filled up.

スクリプトの訳
(A) 棚には衣料品が蓄えられている。
(B) ボトルから液体が注がれている。
(C) 在庫品が何列にも並べられている。
(D) 容器（コンテナ）は満たされているところだ。

3. 正解 （B）　　CD 8

☞ 解説

(A) **shoppers**（買い物客たち）は店の中におり、写真と一致しないので不正解。

(B) 正解。「店」にあたる単語を、**store** や **shop** ではなく **retail outlet**（小売店）と表現している。

(C) **products**（製品）は店に陳列されており、**factory**（工場）から今出荷されているわけではないので不正解。

(D) **take off** 〜は「〜を脱ぐ」という意味で、写真の男性の行動と一致しないので不正解。

スクリプト　(A) Shoppers are walking next to the store.
(B) The retail outlet is being operated.
(C) Products are being shipped by a factory.
(D) A man is taking off his shoes.

スクリプトの訳
(A) 買い物客たちは店の隣を歩いているところだ。
(B) 小売店は営業が行われているところだ。
(C) 製品は工場から出荷されているところだ。
(D) 一人の男性が靴を脱いでいるところだ。

Scene1

4. 正解 （B） CD 9

☞ 解説
A) 男性はかごを運んでいる（is carrying the basket）のではないので不正解。
B) 正解。写真の人物は市場（market）で働いている（is working）。
C) bend は「かがむ」という意味なので写真と一致するが、テーブルの上に（over the table）ではないので不正解。
D) 動詞の fish は「釣る」という意味。男性の動作と一致しないので不正解。

スクリプト (A) He's carrying a basket.
(B) He's working in the market.
(C) He's bending over the table.
(D) He's fishing for seafood.

スクリプトの訳 (A) 彼はかごを運んでいるところだ。
(B) 彼は市場で働いているところだ。
(C) 彼はテーブルにかがみこんでいるところだ。
(D) 彼は海産物を釣っているところだ。

5. 正解 （C） CD 10

☞ 解説
A) 女性は棚（shelves）の近くにいるが、修理している（is fixing）わけではないので不正解。
B) throw away は「投げ捨てる」という意味で、写真と一致しないので不正解。
C) 正解。wear は「（服などを）着ている；身につけている」。現在進行形（is wearing）は「今は（一時的に）〜を身につけている」という意味を表す。
D) 棚にはバンドエイドや薬の箱が並んでいるが、写真の人物は包装している（is packaging）のではないので不正解。

スクリプト (A) She's fixing the shelves.
(B) She's throwing away her bag.
(C) She's wearing a backpack.
(D) She's packaging the medicine.

スクリプトの訳 (A) 彼女は棚を修理しているところだ。
(B) 彼女はカバンを投げ捨てているところだ。
(C) 彼女はバックパックを背負っている。
(D) 彼女は薬を包装しているところだ。

Chapter 2

Scene1 店

重要ボキャブラリー

　ビジネスや日常生活では、店に行って買い物をすることがあります。さまざまな種類の店に何がおいてあるのか、どういう行動をするのか、英語

☐ **repair shop**	[ripéər ʃáp]		修理店
☐ **grocery**	[gróusəri]	名	食料雑貨店
☐ **merchandise**	[mə́:rtʃəndàiz]	名	商品
☐ **goods**	[gúdz]	名	商品；品物 *
☐ **product**	[prɑ́dʌkt]	名	製品 *
☐ **clothing**	[klóuðiŋ]	名	衣服；服 *
☐ **medicine**	[médəsin]	名	薬 *
☐ **pill**	[píl]	名	錠剤
☐ **tablet**	[tǽblit]	名	板状の小片；(薬の) 錠剤
☐ **store cart**	[stɔ́:r kɑ́:rt]		ショッピングカート *
☐ **aisle**	[áil]	名	通路
☐ **exit**	[égzit]	名	出口；退出
☐ **show window**	[ʃóu wìndou]		ショーウインドー
☐ **rack**	[rǽk]	名	～掛け；ラック *
☐ **shelf**	[ʃélf]	名	棚 *
☐ **row**	[róu]	名	列 *
☐ **carton**	[kɑ́:rtn]	名	容器；カートン
☐ **container**	[kəntéinər]	名	入れ物；容器 *
☐ **bag**	[bǽg]	名	袋；カバン
☐ **tool**	[tú:l]	名	道具；手段
☐ **price tag**	[práis tǽg]	名	値札
☐ **market**	[mɑ́:rkit]	名	市場 *
☐ **retail outlet**	[rí:teil áutlet]		小売店 *

で表現できるように日々心がけましょう。
「*」のマークが付いているものは、練習問題の中に出てきた語句です。

☐ clerk	[klə́ːrk]	名店員；事務員
☐ customer	[kʌ́stəmər]	名顧客
☐ shopper	[ʃápər]	名買い物客 *
☐ cashier	[kæʃíər]	名レジ係
☐ sale	[séil]	名販売；売れ行き；特売
☐ vending machine	[véndiŋ məʃìːn]	自動販売機
☐ inventory	[ínvətɔ̀ːri]	名在庫品；在庫品目録 *
☐ stock	[sták]	名在庫品；たくわえ；株券
		動備える；たくわえる *
☐ change	[tʃéindʒ]	動変える；両替する；乗り換える
		名変化；乗り換え；小銭；つり銭
☐ sign	[sáin]	名兆候；標識；看板；合図
		動署名［契約］する；身ぶりで知らせる
☐ wrap	[rǽp]	動包む
☐ package	[pǽkidʒ]	動包装する *
☐ arrange	[əréindʒ]	動配列する *
☐ operate	[ápərèit]	動動く；操業する *
☐ be on display	[bi ən displèi]	陳列してある
☐ fill up	[fíl ʌp]	満たす；占める *
☐ take off	[téik ɔ̀f]	脱ぐ；はずす *
☐ wear	[wéər]	動着る；身につける *
☐ throw away	[θróu əwèi]	投げ捨てる *

Chapter 2

CD 11〜15

Scene2 オフィス

　仕事場、主にオフィス内の写真を使った問題にチャレンジしましょう。写真を見ながらCD音声を聴き、その写真の内容を最も適切に表現していると思われるものをA〜Dの中から1つ選んでください。

　なお、TOEICの本試験では問題冊子や解答用紙にメモや書き込みをすることは禁止されており、不正行為とみなされます。本番のつもりで取り組んでみてください。

1.

Ⓐ Ⓑ Ⓒ Ⓓ

2.

Ⓐ Ⓑ Ⓒ Ⓓ

3.

Ⓐ Ⓑ Ⓒ Ⓓ

→ GO ON TO THE NEXT PAGE

Chapter 2

4.

Ⓐ   Ⓑ   Ⓒ   Ⓓ

5.

Ⓐ   Ⓑ   Ⓒ   Ⓓ

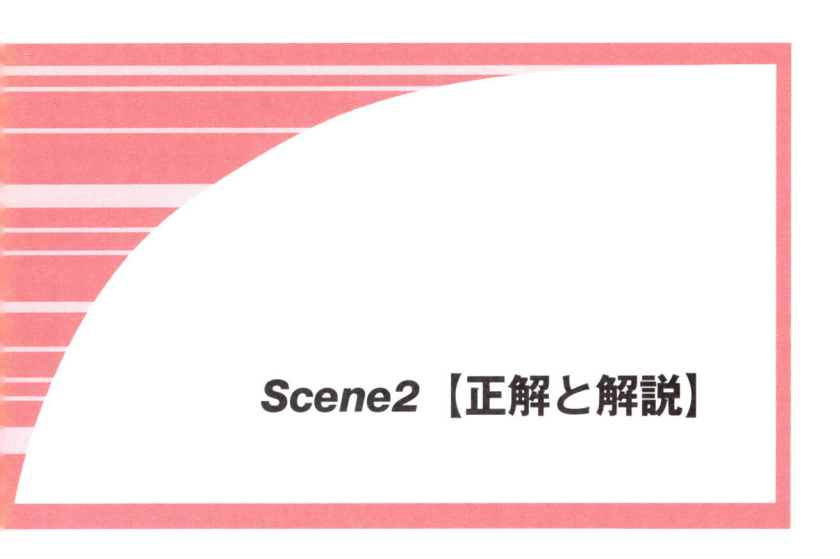

Scene2【正解と解説】

1. 正解 (B) CD 11

☞ 解説

A) 男性はテーブルを運んでいる (**is carrying**) のではないので不正解。
B) 正解。**alone** は「一人で；単独で」という意味。**is sitting** は「座っている」という状態を表し、「腰を降ろす動作をしている最中だ」という意味ではない。
C) 男性はいす (**chair**) に座っており、押している (**is pushing**) のではないので不正解。
D) **take off** ～は「～を脱ぐ；はずす」という意味。男性はネクタイをはずしている (**is taking off his tie**) のではないので不正解。

スクリプト (A) He's carrying the table.
(B) He's sitting alone.
(C) He's pushing the chair.
(D) He's taking off his tie.

スクリプトの訳 (A) 彼はテーブルを運んでいるところだ。
(B) 彼は一人で座っている。
(C) 彼は椅子を押しているところだ。
(D) 彼はネクタイを外しているところだ。

Chapter 2

2. 正解 （C） CD 12

☞ 解説

(A) 女性のうち1人がめがね (**glasses**) を手に持っているが、かけている (**is wearing**) わけではないので不正解。

(B) **type** は「タイプライター［ワープロ］で打つ」という意味の動詞。写真と一致しないため不正解。

(C) 正解。**computer** という単語を使うと正解が簡単にわかってしまうので、**appliance**（〈電気〉器具）という語が使われている。

(D) **install** は「取り付ける；インストールする」の意味。自動販売機（**vending machine**）は写真の中にないので不正解。

スクリプト (A) One of the women is wearing glasses.
(B) They're typing on the computer.
(C) They're by an appliance.
(D) They're installing a vending machine.

スクリプトの訳 (A) 女性のうちの1人はめがねをかけている。
(B) 彼女たちはコンピュータのキーボードを打っているところだ。
(C) 彼女たちは（電気）器具のそばにいる。
(D) 彼女たちは自動販売機を設置しているところだ。

3. 正解 （A） CD 13

☞ 解説

(A) 正解。**in a group** は「群［集団］になって」という意味。

(B) **dust** は「（場所や物の）ほこりを払う」という意味。写真と一致しないので不正解。

(C) 女性のうち片方は立っており、写真と一致しないので不正解。

(D) **lean against the wall** は「壁に寄りかかる」という意味。写真と一致しないので不正解。

スクリプト (A) They're in a group.
(B) The table is being dusted.
(C) Both of the women are seated.
(D) The man is leaning against the wall.

スクリプトの訳 (A) 彼らは集団になっている。
(B) テーブルは拭かれているところだ。
(C) 女性は2人とも腰掛けている。
(D) 男性は壁に寄りかかっている。

4. 正解 (B)　　CD 14

解説
A) tear up ～は「～を引き裂く」という意味。写真と一致しないので不正解。
B) 正解。review は「～を見直す；復習する」、document(s) は「書類」。
C) pull away the chairs は「いすを引く」という意味。写真と一致しないので不正解。
D) 写真の場所はレストラン (restaurant) ではないので不正解。

スクリプト　(A) They're tearing up the papers.
　　　　　　(B) They're reviewing documents.
　　　　　　(C) They're pulling away the chairs.
　　　　　　(D) They're standing over the restaurant table.

スクリプトの訳　(A) 彼女たちは書類を破っているところだ。
　　　　　　　(B) 彼女たちは書類を見直しているところだ。
　　　　　　　(C) 彼女たちはいすを引いているところだ。
　　　　　　　(D) 彼女たちはレストランのテーブルの向こうに立っている。

5. 正解 (A)　　CD 15

解説
A) 正解。ファクス (facsimile) やコピー機 (photocopier) などの代わりに equipment (機器) という単語が使われている。equipment は不加算名詞なので、a piece of ～という表現が用いられている。
B) 写真の女性たちは紙に文字を書いている (are writing on paper) のではないので不正解。
C) take down ～は「～を取り壊す；解体する」という意味。写真と一致しないので不正解。
D) coffee machine (コーヒーメーカー；コーヒーの自動販売機) を copy machine (コピー機) と聞き間違えないように。

スクリプト　(A) One of the women is using a piece of office equipment.
　　　　　　(B) Both of the women are writing on paper.
　　　　　　(C) They're taking down the shelves.
　　　　　　(D) They're using a coffee machine.

スクリプトの訳　(A) 女性のうちの1人が機器を使っているところだ。
　　　　　　　(B) 女性はどちらも紙に文字を書いているところだ。
　　　　　　　(C) 彼女たちは棚を解体しているところだ。
　　　　　　　(D) 彼女たちはコーヒーメーカーを使っているところだ。

Chapter 2

Scene2 オフィス

重要ボキャブラリー

オフィスには、そこにしか置かれていない、コピー機やシュレッダーなど特別な機器があります。また、「コピーをする」など主にオフィスでと

☐ **outlet**	[áutlet]	名コンセント；直販店；出口
☐ **cubicle**	[kjú:bikl]	名寝室；仕切った狭い場所
☐ **shelf**	[ʃélf]	名棚 *
☐ **partition**	[pɑ:rtíʃən]	名分配；仕切り
☐ **glasses**	[glǽsiz]	名めがね *
☐ **cell phone**	[sél fòun]	携帯電話
☐ **equipment**	[ikwípmənt]	名（ひとまとまりの）備品；設備；装備 *
☐ **device**	[diváis]	名装置；機器；考案物；工夫
☐ **gadget**	[gǽdʒit]	名道具；装置；気のきいた小物
☐ **appliance**	[əpláiəns]	名器具；装置；設備 *
☐ **paper**	[péipər]	名紙；新聞；（しばしば〜s）書類
☐ **document**	[dákjumənt]	名書類；文書 * 動証拠を提出する
☐ **photocopier**	[fóutoukàpər]	名写真複写機；コピー機
☐ **folder**	[fóuldər]	名フォルダー
☐ **microphone**	[máikrəfòun]	名マイクロホン
☐ **stationery**	[stéiʃənèri]	名文房具
☐ **stapler**	[stéiplər]	名ホッチキス
☐ **calculator**	[kǽlkjulèitər]	名計算機
☐ **shredder**	[ʃrédər]	名書類寸断機；シュレッダー
☐ **scissors**	[sízərz]	名ハサミ
☐ **flashlight**	[flǽʃlàit]	名懐中電灯

る行動を表す英単語も覚えておきましょう。
「*」のマークが付いているものは、練習問題の中に出てきた語句です。

☐ **tape measure**	[téip mèʒər]	巻き尺
☐ **white board**	[hwait bɔ́ːrd]	ホワイトボード
☐ **install**	[instɔ́ːl]	動取り付ける*
☐ **review**	[rivjúː]	動精査する*
☐ **type**	[táip]	動タイプライター[ワープロ]で打つ*
☐ **make a copy**	[méik ə kápi]	コピーする
☐ **pile**	[páil]	名積み重ね；多数
		動積み重ねる；蓄える；たまる
☐ **stack**	[stǽk]	名大きな山；書架
		動積み上げる；積み重ねる
☐ **stock**	[stάk]	名在庫品；たくわえ；株
		形手持ちの
		動(商品を)備える；仕入れる；たくわえる
☐ **screen**	[skríːn]	名画面；(映画用の)スクリーン
		動守る；ふるいにかける
☐ **form**	[fɔ́ːrm]	名書式；用紙；形；姿；形式
		動作る；組織する；形をとる
☐ **lean against**	[líːn əgènst]	～に寄りかかる*
☐ **tear up**	[téər ʌ̀p]	引き裂く；破棄する*
☐ **pull away**	[púl əwèi]	(人や物を)力ずくで離す*
☐ **take down**	[téik daun]	取り壊す；解体する*
☐ **in a group**	[in ə grúːp]	群をなして；集団で*

Chapter 2

CD 16〜20

Scene3 さまざまな物品

　食品や日用品など、物品だけが写った写真を使った練習問題にチャレンジしてみましょう。

　写真を見ながらCD音声を聴き、その写真の内容を最も適切に表現していると思われるものをA〜Dの中から1つ選んでください。

　なお、TOEICの本試験では問題冊子や解答用紙にメモや書き込みをすることは禁止されており、不正行為とみなされます。本番のつもりで取り組んでみてください。

1.

Ⓐ Ⓑ Ⓒ Ⓓ

2.

Ⓐ Ⓑ Ⓒ Ⓓ

3.

Ⓐ Ⓑ Ⓒ Ⓓ

→ GO ON TO THE NEXT PAGE

4.

Ⓐ Ⓑ Ⓒ Ⓓ

5.

Ⓐ Ⓑ Ⓒ Ⓓ

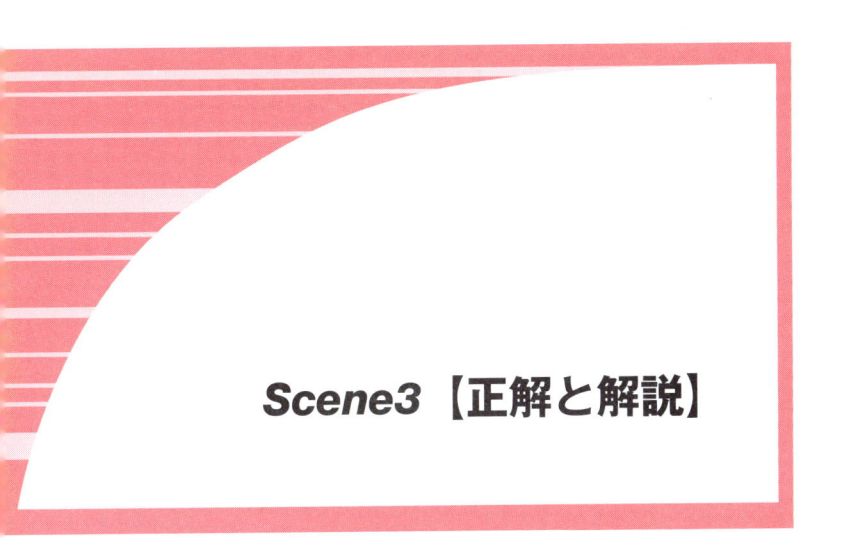

1. 正解 (A)

解説

- **A)** 正解。telescope(望遠鏡)やbinoculars(双眼鏡)ではなく、viewing devices(視覚装置) という単語が使われている。
- **B)** 写真のどこにも lawn(芝生)はないので不正解。
- **C)** microscope は「顕微鏡」という意味なので、写真と一致せず不正解。
- **D)** lamppost(街灯柱)は写真のどこにもないので不正解。build A into B で「A を B に組み込む」という意味。

スクリプト
(A) Some viewing devices have been set up.
(B) The fence is surrounding the lawn.
(C) Some microscopes have been placed by the wall.
(D) Lampposts have been built into the ground.

スクリプトの訳
(A) なんらかの視覚装置が設置されている。
(B) フェンスが芝生を囲んでいる。
(C) いくつかの顕微鏡が壁のそばに設置されている。
(D) 街灯柱が地面に据え付けられている。

Chapter 2

2. 正解 (B)   CD 17

☞ 解説

(A) 写真内にオーディオ機器 (**audio gear**) はあるが、**wallpaper** (壁紙) はないので不正解。

(B) 正解。supplies は「備品」、set out は「並べて出す；用意する」という意味。

(C) テーブル (**table**) は写真の中にはないので不正解。

(D) アンプ類には押しボタン (**buttons**) がついているが、ボタンが床の上 (**on the floor**) にあるのではないので不正解。

スクリプト   (A) Wallpaper has been placed on the audio gear.
       (B) Some electronic supplies have been set out.
       (C) The loudspeakers have been laid on the table.
       (D) The buttons have been placed on the floor.

スクリプトの訳   (A) オーディオ機器の上に置かれている。
       (B) いくつかの電子機器が用意されている。
       (C) 拡声器がテーブルの上に置かれている。
       (D) (押し) ボタンは床の上に設置されている。

3. 正解 (D)   CD 18

☞ 解説

(A) テーブルは2つあるが、お互いにくっついている (**are touching each other**) わけではないので不正解。

(B) on one's side は「横になっている」の意味。写真内のいすと机の状態と一致しないので不正解。

(C) roll up は「巻き上げる；丸める」という意味。写真内のカーペット (**carpet**) の状態と一致しないので不正解。

(D) 正解。currently は「現在は」という意味の副詞。

スクリプト   (A) The office tables are touching each other.
       (B) Chairs and tables are on their sides.
       (C) The floor carpet has been rolled up.
       (D) The workspace is currently unused.

スクリプトの訳   (A) 事務机はお互いにくっつき合っている。
       (B) いすとテーブルは横 (倒し) になっている。
       (C) 床のカーペットは丸められている。
       (D) 作業空間は今は使われていない。

4. 正解 (A) CD 19

解説

(A) 正解。industrial machinery は「工業用機械（類）」、site は「（建築）用地」という意味。

(B) 写真は建築現場であり、農地（agricultural field）ではないので不正解。

(C) 屋上（rooftop）に当たるところにセメント（cement）は置かれていないので不正解。

(D) 建設作業員（construction crew）は写真の中におらず、stream（流れ；小川）もないので不正解。

スクリプト
(A) Industrial machinery is at the site.
(B) Some agricultural fields are being worked.
(C) Cement has been set on the rooftop.
(D) The construction crew is by the stream.

スクリプトの訳
(A) 工業用機械が（建築）現場にある。
(B) 農場が耕作されているところだ。
(C) セメントが屋上に置かれている。
(D) 建設作業員は小川のそばにいる。

5. 正解 (B) CD 20

解説

(A) 写真の鐘は玄関の呼び鈴（doorbell）ではなく、壁に掛かっている（on the wall）のでもないから不正解。

(B) 正解。写真の鐘は建造物（structure）の一種である。has been built は「造られる（be built）」という行為が完了していることを示す。

(C) 鉄骨フレーム（steel framework）は写真にあるが、中にあるのは肖像画（portrait）ではないので不正解。

(D) 鉄骨フレーム（steel frame）は石畳の上にあり、草の上（on the grass）ではないので不正解。

スクリプト
(A) The doorbell is on the wall.
(B) A structure has been built.
(C) The portrait is hung in a steel framework.
(D) The steel frame is on the grass.

スクリプトの訳
(A) 玄関の呼び鈴は壁に掛かっている。
(B) 建造物が造られ（終わっ）ている。
(C) その肖像画は鉄骨フレームに入れて掛けられている。
(D) 鉄骨フレームが草の上にある。

Chapter 2

Scene3 さまざまな物品

重要ボキャブラリー

　ビジネスのシーンや街の中、施設や家の中など、さまざまなシーンで目にする物品、アイテムについて、その名前や状態を英語で表現できるよう

☐ **item**	[áitəm]	名	（商品などの）種目；品目；事項
☐ **equipment**	[ikwípmənt]	名	（ひとまとまりの）備品；設備；装備
☐ **mechanism**	[mékənìzm]	名	装置；仕組み
☐ **device**	[diváis]	名	装置；機器；考案物；工夫 *
☐ **tool**	[túːl]	名	道具
☐ **supply**	[səplái]	名	（時に -plies）備品 *
☐ **site**	[sáit]	名	（建築）用地 *
☐ **workspace**	[wə́ːrk spèis]	名	作業スペース *
☐ **industrial machinery**	[indʌ́striəl məʃíːnəri]		工業用機械（類）*
☐ **structure**	[strʌ́ktʃər]	名	構造；建造物；組み立て *
☐ **label**	[léibəl]	名	ラベル
☐ **eating utensil**	[íːtiŋ juːténsəl]		食器
☐ **cabinet**	[kǽbənit]	名	戸棚；収納家具
☐ **closet**	[klázit]	名	クローゼット
☐ **scale**	[skéil]	名	はかり；体重計
☐ **cloth**	[klɔ́ːθ]	名	布；服地
☐ **clothes**	[klóuz]	名	衣服；衣類
☐ **painting**	[péintiŋ]	名	油絵；水彩画
☐ **portrait**	[pɔ́ːrtrit]	名	肖像画 *
☐ **framework**	[fréimwə̀ːrk]	名	フレーム；骨組み *
☐ **audio gear**	[ɔ́ːdiou gíər]		オーディオ機器 *

こしましょう。
「*」のマークが付いているものは、練習問題の中に出てきた語句です。

☐ **musical instrument**	[mjúːzikəl ínstrəmənt]	楽器
☐ **loudspeaker**	[láudspìːkər]	名 拡声器 *
☐ **doorbell**	[dɔ́ːrbèl]	名 呼び鈴 *
☐ **lamppost**	[lǽmppòst]	名 街灯柱 *
☐ **lawn**	[lɔ́ːn]	名 芝生；芝地 *
☐ **grass**	[grǽs]	名 草；草地
☐ **weed**	[wíːd]	名 雑草
☐ **stream**	[stríːm]	名 流れ；小川 *
☐ **in a row**	[ín ə róu]	1列になって
☐ **be full of**	[bi fúl əv]	〜でいっぱいである
☐ **be filled with**	[bi fíld wəð]	〜で満たされている
☐ **hedge**	[hédʒ]	名 生垣
		動 生垣で囲う
☐ **empty**	[émpti]	形 からの；あいている
		動 （中身を）出す；からにする
☐ **surround**	[səráund]	動 囲む *
☐ **set up**	[sét ʌ́p]	設置する *
☐ **set out**	[sét áut]	並べて出す；用意する *
☐ **roll up**	[róul ʌ́p]	巻き上げる；丸める *
☐ **agricultural**	[ægrikʌ́ltʃərəl]	形 農業の *
☐ **currently**	[kɔ́ːrəntli]	副 現在は *

Chapter 2

CD 21〜25

Scene4 寝室・レストラン

　室内や屋内を題材にした問題の中でも、寝室（無人）とレストラン（有人・無人）は頻繁に出題される傾向にあるようです。練習問題にチャレンジしてみましょう。

　写真を見ながらCD音声を聴き、その写真の内容を最も適切に表現していると思われるものをA〜Dの中から1つ選んでください。

　なお、TOEICの本試験では問題冊子や解答用紙にメモや書き込みをすることは禁止されており、不正行為とみなされます。本番のつもりで取り組んでみてください。

1.

Ⓐ　Ⓑ　Ⓒ　Ⓓ

Scene4

2.

Ⓐ Ⓑ Ⓒ Ⓓ

3.

Ⓐ Ⓑ Ⓒ Ⓓ

→ GO ON TO THE NEXT PAGE

Chapter 2

4.

Ⓐ Ⓑ Ⓒ Ⓓ

5.

Ⓐ Ⓑ Ⓒ Ⓓ

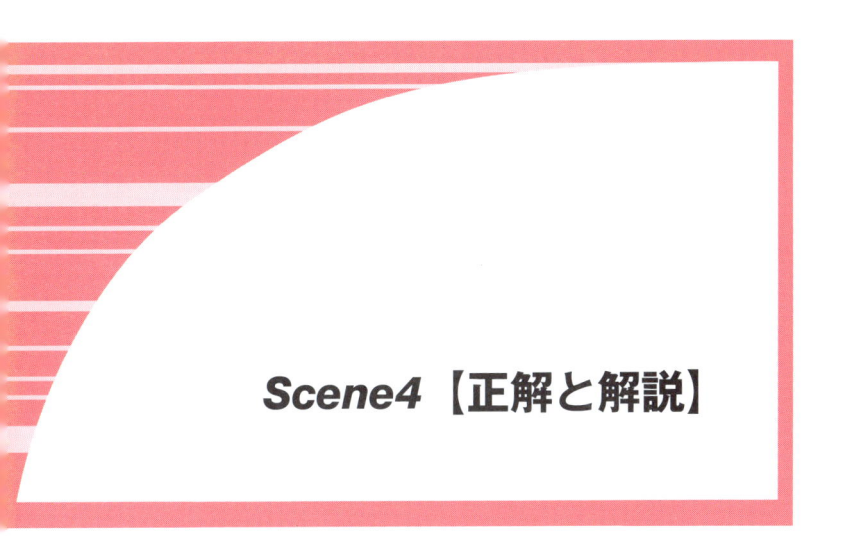

Scene4 【正解と解説】

1. 正解 （D）　　　　　　　　　　　　　　　　　　　　CD 21

解説
(A) 枕（**pillow**）は写真内にあるが、床（**floor**）ではなくベッドの上にあるので不正解。
(B) 窓（**window**）は今洗浄されている（**is being washed**）わけではないので不正解。
(C) 写真の場所はデパート（**department store**）ではないので不正解。
(D) 正解。ベッドをはじめ、写っているものが **items**（〈複数の〉品物）という単語で表現されている。

スクリプト
(A) The pillow is on the floor
(B) The window is being washed.
(C) The bed is inside the department store.
(D) The items have been put beside the wall.

スクリプトの訳
(A) 枕は床の上にある。
(B) 窓は今洗浄されているところだ。
(C) ベッドはデパートの中にある。
(D) 品々は壁のそばに置かれている。

Chapter 2

2. 正解 (A) CD 22

☞ 解説

(A) 正解。interior は「室内」、empty of ～は「～を欠いている」という意味。

(B) いす (**chairs**) は写真にあるが、テーブルの上 (**on top of the tables**) にはないので不正解。

(C) **diners** は **diner**(食事をする人；食事客)の複数形。写真に人間はいないので不正解。

(D) **stables**（馬小屋）を **tables** と聞き間違えないように注意。

| スクリプト | (A) The interior is empty of anyone.
(B) Chairs have been set on top of the tables.
(C) Some diners are seated.
(D) The stables have no one around them. |

| スクリプトの訳 | (A) 室内にはだれもいない。
(B) いすはテーブルの上に置かれている。
(C) 食事をするお客が何人か着席している。
(D) 馬小屋の周りにはだれもいない。 |

3. 正解 (C) CD 23

☞ 解説

(A) **pass out** ～は「～を配る」という意味。写真の人物の動作と一致しないので不正解。

(B) **wipe the table** は「テーブルを拭く」。これも写真と一致しないので不正解。

(C) 正解。in front of ～は「（人や物）の前方に」という意味。

(D) **put one's hands together** は「手を合わせる」という意味。写真と一致しないので不正解。

| スクリプト | (A) She's passing out the menu.
(B) She's wiping the table.
(C) She's in front of the wall.
(D) She's putting her hands together. |

| スクリプトの訳 | (A) 彼女はメニューを配っているところだ。
(B) 彼女はテーブルを拭いているところだ。
(C) 彼女は壁の前にいる。
(D) 彼女は両手を合わせているところだ。 |

Scene4

4. 正解 （B） CD 24

☞ 解説

A) dishes（皿；皿に盛られた食べ物）も stove（料理用のレンジ；コンロ）も写真にないので不正解。

B) 正解。set up ～は「～を据える」という意味。

C) いすは机の下（under the desk）ではなくカウンターの下にあるので不正解。

D) 食べ物のメニュー（food menu）も棚（shelf）も写真にはないので不正解。

スクリプト
(A) Some dishes have been placed on the stove.
(B) A counter has been set up.
(C) The chairs are under the desk.
(D) The food menu is on the shelf.

スクリプトの訳
(A) 何品かの料理がコンロの上に置かれている。
(B) カウンターが設置されている。
(C) いすは机の下にある。
(D) 食べ物のメニューは棚の上にある。

5. 正解 （D） CD 25

☞ 解説

A) 食事（meals）は写真内にあるが、冷蔵庫（refrigerator）の中にあるわけではないので不正解。

B) テーブルの上には食べ物や飲み物が置かれており、食べ物のメニュー（food menu）にあたるものは見当たらないので不正解。

C) class papers は「学級通信」、pore over は「じっくり研究する；熟読する」という意味なので、写真と一致しない。

D) 正解。set out は「（食べ物を）出す；並べる」という意味の句動詞。

スクリプト
(A) Meals have been set inside the refrigerator.
(B) The food menu has been placed on the table.
(C) Class papers are being pored over.
(D) Dishes have been set out next to the diners.

スクリプトの訳
(A) 食事は冷蔵庫の中に置かれている。
(B) 食べ物のメニューはテーブルの上に置かれている。
(C) 学級通信が熱心に熟読されているところだ。
(D) 料理が食事客たちのとなりに並べられている。

Chapter 2

Scene4 寝室・レストラン

重要ボキャブラリー

　ベッドルームやレストランの場面が出題されることも多いです。自宅や出張先のホテル、打合せや会食をするレストランで、そこにある物品やそ

☐ item	[áitəm]	名	物品 *
☐ interior	[intíəriər]	名	室内 *
☐ bedding	[bédiŋ]	名	（シーツ、毛布、カバーなどの）寝具類
☐ pillow	[pílou]	名	まくら *
☐ sheet	[ʃíːt]	名	シーツ；1枚の紙
☐ quilt	[kwílt]	名	キルト
☐ blanket	[blæŋkit]	名	毛布；ケット
☐ curtain	[kə́ːrtn]	名	カーテン
☐ furniture	[fə́ːrnitʃər]	名	家具
☐ floor	[flɔ́ːr]	名	床 *
☐ window	[wíndou]	名	窓 *
☐ picture	[píktʃər]	名	絵；写真
☐ make the bed	[méik ðə béd]		ベッドメイキングをする
☐ empty	[émpti]	名	からの；人影のない *
☐ meal	[míːl]	名	食事 *
☐ dish	[díʃ]	名	大皿；食器；皿に盛られた食べ物；料理
		動	皿に盛る
☐ cuisine	[kwizíːn]	名	（あるホテル・家・地方などに特有の）料理法；（料理店の）料理
☐ beverage	[bévəridʒ]	名	（水以外の）飲み物；飲料
☐ chopsticks	[tʃápstik]	名	箸
☐ cutlery	[kʌ́tləri]	名	刃物類；食事用器具類

の様子を英語でなんと言うか、普段から調べておきましょう。
「*」のマークが付いているものは、練習問題の中に出てきた語句です。

☐ **customer**	[kʌ́stəmər]	名 顧客
☐ **diner**	[dáinər]	名 食事をする人；食事客；食堂車 *
☐ **order**	[ɔ́ːrdər]	動 注文する；命じる
		名 注文；命令；順番
☐ **cook**	[kúk]	動 料理する
		名 料理人；コック
☐ **serve**	[sə́ːrv]	動 (食べ物や飲み物を) 出す
☐ **stove**	[stóuv]	名 ストーブ；コンロ *
☐ **oven**	[ʌ́vən]	名 オーブン；レンジ
☐ **counter**	[káuntər]	名 カウンター *
☐ **refrigerator**	[rifrídʒərèitər]	名 冷蔵庫 *
☐ **washroom**	[wáʃrùːm]	名 洗面所
☐ **fold**	[fóuld]	動 折る；たたむ；組む
☐ **roll up**	[róul ʌp]	巻く；丸める
☐ **hang**	[hǽŋ]	動 掛かる；掛ける
☐ **pour**	[pɔ́ːr]	動 注ぐ；大量に移動する
☐ **bake**	[béik]	動 (オーブンなどで) 焼く；パンを焼く
☐ **wipe**	[wáip]	動 拭く *
☐ **pass out**	[pǽs aut]	〜を配る *
☐ **be seated**	[bi síːtid]	座る
☐ **across from**	[əkrɔ́ːs frəm]	〜の向かいに
☐ **in the corner**	[in ðə kɔ́ːrnər]	隅に

Chapter 2

CD 26〜30

Scene5 公共の施設

　ホテルや空港、ギャラリー、劇場……などなど、公共施設に関する写真を使った練習問題にチャレンジしてみましょう。

　写真を見ながら CD 音声を聴き、その写真の内容を最も適切に表現していると思われるものを A 〜 D の中から 1 つ選んでください。

　なお、TOEIC の本試験では問題冊子や解答用紙にメモや書き込みをすることは禁止されており、不正行為とみなされます。本番のつもりで取り組んでみてください。

1.

Ⓐ Ⓑ Ⓒ Ⓓ

2.

Ⓐ Ⓑ Ⓒ Ⓓ

3.

Ⓐ Ⓑ Ⓒ Ⓓ

➡ GO ON TO THE NEXT PAGE

Chapter 2

4.

Ⓐ　Ⓑ　Ⓒ　Ⓓ

5.

Ⓐ　Ⓑ　Ⓒ　Ⓓ

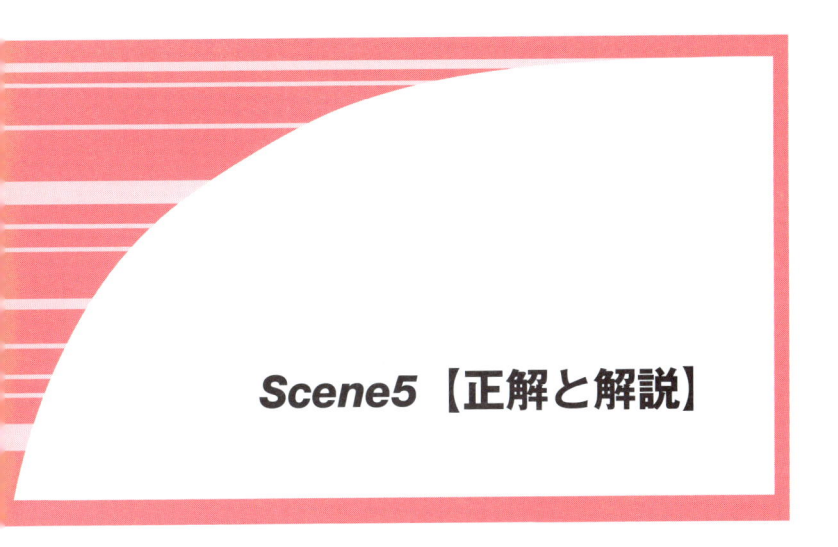

Scene5 【正解と解説】

1. 正解 (B)　CD 26

☞ 解説
(A) 照明 (**lights**) は写真の上部にあるが、場面は屋内であって街路灯 (**street lights**) ではないので不正解。
(B) 正解。**above** は「〜の上方に」という意味。
(C) 場面はホテルのロビーであり、教室 (**classroom**) ではないので不正解。
(D) 人々が立っているのはロビーであって、歩道 (**sidewalk**) ではないので不正解。

スクリプト
(A) Street lights are hanging over the people.
(B) There's a balcony above the lobby.
(C) The visitors are at the classroom desk.
(D) The people are standing on the sidewalk.

スクリプトの訳
(A) 街路灯が人々の上に掛かっている。
(B) ロビーの上方にバルコニーがある。
(C) 訪問者たちが教室の机についている。
(D) 人々が歩道に立っている。

Chapter 2

2. 正解 (A)　　CD 27

☞ 解説

(A) 正解。install は「据え付ける」という意味。

(B) 写真には２本の木（**trees**）があるが、この場所は公園（**park**）ではないので不正解。

(C) 写真にはいくつかの文字（**some letters**）があるが、ホワイトボード（**white board**）に書かれてはいないので不正解。

(D) 写真の人物は床を磨いているところ（**is polishing the floor**）ではないので不正解。

スクリプト　(A) A desk has been installed.
(B) Trees are growing in the park.
(C) Some letters are on the building white board.
(D) One person is polishing the floor.

スクリプトの訳　(A) 机が据え付けられている。
(B) 木々が公園で成長しているところだ。
(C) ビルのホワイトボードにいくつかの文字が書いてある。
(D) １人の人が床を磨いているところだ。

3. 正解 (A)　　CD 28

☞ 解説

(A) 正解。wear は「（服を）着ている」のほか「（カバンなどを）身につけている」という意味でも使う。

(B) paint は「（絵の具で）描く」という意味。写真の人物の動作と一致しないので不正解。pictures（絵）という単語に引っかからないように注意。

(C) look at（～を見る）という動作は写真と一致するが、見ている対象物は芸術家［画家］（**artist**）ではないので不正解。

(D) download photos は「写真をダウンロードする」。写真の人物の動作と一致しないので不正解。

スクリプト　(A) They're wearing bags.
(B) They're painting pictures.
(C) They're looking at the artist.
(D) They're downloading photos.

スクリプトの訳　(A) 彼らはカバンを身につけている。
(B) 彼らは絵を描いているところだ。
(C) 彼らはその芸術家を見ているところだ。
(D) 彼らは写真をダウンロードしているところだ。

4. 正解 (D)　　CD 29

解説
(A) 写真には看板 (**sign**) があるが、場所は高速道路 (**freeway**) ではなく空港 (**airport**) なので不正解。
(B) redrawn は redraw (= re (再び) + draw (線で描く)) の過去分詞で、**is being redrawn** は「描き直されているところだ」の意味。写真と一致しないので不正解。
(C) (複数の) 単語 (**words**) が書かれているのは看板であり、書類 (**document**) ではないので不正解。
(D) **正解。sign(board)** などではなく、**lettering** (書き入れた文字；銘) という語が使われている。

スクリプト　(A) A freeway sign has been hung up.
(B) The signboard is being redrawn.
(C) Words have been written on the document.
(D) The lettering is near the ceiling.

スクリプトの訳　(A) 高速道路の看板が掲げられている。
(B) 看板は描き直されているところだ。
(C) 書類に (いくつかの) 単語が書かれている。
(D) 文字は天井付近にある。

5. 正解 (C)　　CD 30

解説
(A) 写真にソファ (**sofa**) はあるが、作り直されているところ (**is being remodeled**) ではないので不正解。
(B) 写真にはクッション (**cushions**) もテーブル (**table**) もないので不正解。
(C) **正解。furnish** は「(家具などを) 備え付ける」という意味の動詞。
(D) 写真に長いす (**couch**) はあるが、場所はテラス [中庭] (**patio**) ではないので不正解。

スクリプト　(A) The sofa is being remodeled.
(B) The cushions are on the table.
(C) The room has been furnished.
(D) The patio has a couch.

スクリプトの訳　(A) ソファは作り直されているところだ。
(B) クッションはテーブルの上にある。
(C) 部屋には家具が備え付けられている。
(D) テラスには長いすが置いてある。

Chapter 2

Scene5 公共の施設

重要ボキャブラリー

公会堂やスタジアム、博物館など、さまざまな公共の施設を仕事やプライベートで訪れることは多々あります。そういった施設の内外を描写する

□ factory	[fǽktəri]	名	工場
□ stadium	[stéidiəm]	名	競技場；スタジアム
□ auditorium	[ɔ̀ditɔ́:riəm]	名	講堂；公会堂
□ theater	[θí:ətər]	名	劇場；映画館；階段教室
□ museum	[mju:zíəm]	名	博物館；美術館
□ aquarium	[əkwéəriəm]	名	水槽；水族館
□ laboratory	[lǽbərətɔ̀:ri]	名	研究所；実験
□ shopping mall	[ʃápiŋ mɔ́:l]		ショッピングモール
□ farm	[fá:rm]	名	農場；飼育場
		動	耕す；飼育する
□ box office	[báks ɔ́:fis]		切符売り場
□ sofa	[sóufə]	名	ソファ*
□ couch	[káutʃ]	名	長いす*
□ balcony	[bǽlkəni]	名	バルコニー*
□ lobby	[lábi]	名	ロビー*
□ railing	[réiliŋ]	名	手すり；柵
□ observation deck	[àbzərvéiʃən dék]		展望台；送迎デッキ
□ ceiling	[sí:liŋ]	名	天井*
□ patio	[pǽtiou]	名	テラス；中庭*
□ street light	[strí:t làit]		街路灯*
□ parking lot	[pá:rkiŋ làt]		駐車場

際に使われる英単語などをチェックしておきましょう。
「*」のマークが付いているものは、練習問題の中に出てきた語句です。

☐ **freeway**	[fríːwèi]	名 高速道路 *
☐ **leaflet**	[líːflit]	名 チラシ；若葉
☐ **advertisement**	[ædvərtáizmənt]	名 広告；通知；告知
☐ **flyer / flier**	[fláiər]	名 ビラ；飛ぶもの；冒険
☐ **laundry**	[lɔ́ːndri]	名 洗濯物；洗濯屋
☐ **baggage**	[bǽgidʒ]	名 手荷物
☐ **frame**	[fréim]	名 枠；額縁；骨組み
☐ **signboard**	[sáinbɔ̀ːrd]	名 看板 *
☐ **lettering**	[létəriŋ]	名 書き入れた文字；銘 *
☐ **sign**	[sáin]	名 兆候；標識；看板；合図 *
		動 署名する；契約する；身ぶりで知らせる *
☐ **visitor**	[vízitər]	名 訪問者 *
☐ **tourist**	[túərist]	名 観光客
☐ **arrange**	[əréindʒ]	動 配置する；整える；準備する
☐ **install**	[instɔ́ːl]	動 取り付ける *
☐ **polish**	[páliʃ]	動 磨く *
☐ **download**	[dáunlòud]	動 ダウンロードする *
☐ **redraw**	[riːdrɔ́ː]	動 描き直す *
☐ **remodel**	[riːmádl]	動 作り直す *
☐ **furnish**	[fə́ːrniʃ]	動 （家具などを）備え付ける *
☐ **hang over**	[hǽŋ óuvər]	突き出る；張り出す *

Chapter 2

CD 31〜35

Scene6 プライベートな空間

　プライベートなシーン——キッチン、リビング、ダイニングなどなど——を使った練習問題にチャレンジしてみましょう。

　写真を見ながらCD音声を聴き、その写真の内容を最も適切に表現していると思われるものをA〜Dの中から1つ選んでください。

　なお、TOEICの本試験では問題冊子や解答用紙にメモや書き込みをすることは禁止されており、不正行為とみなされます。本番のつもりで取り組んでみてください。

1.

Ⓐ　Ⓑ　Ⓒ　Ⓓ

Scene6

2.

Ⓐ Ⓑ Ⓒ Ⓓ

3.

Ⓐ Ⓑ Ⓒ Ⓓ

➜ GO ON TO THE NEXT PAGE

Chapter 2

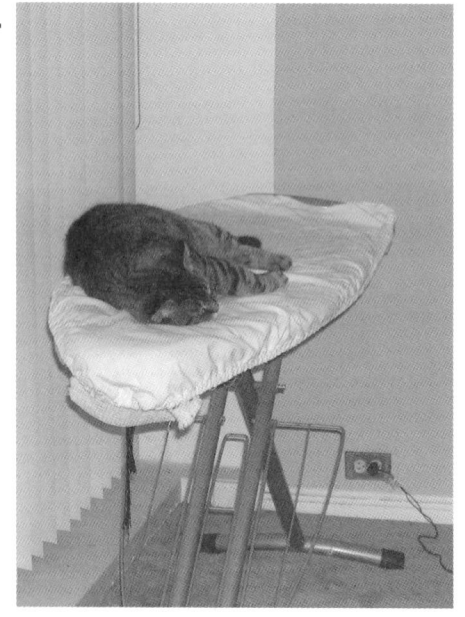

4.

A B C D

5.

A B C D

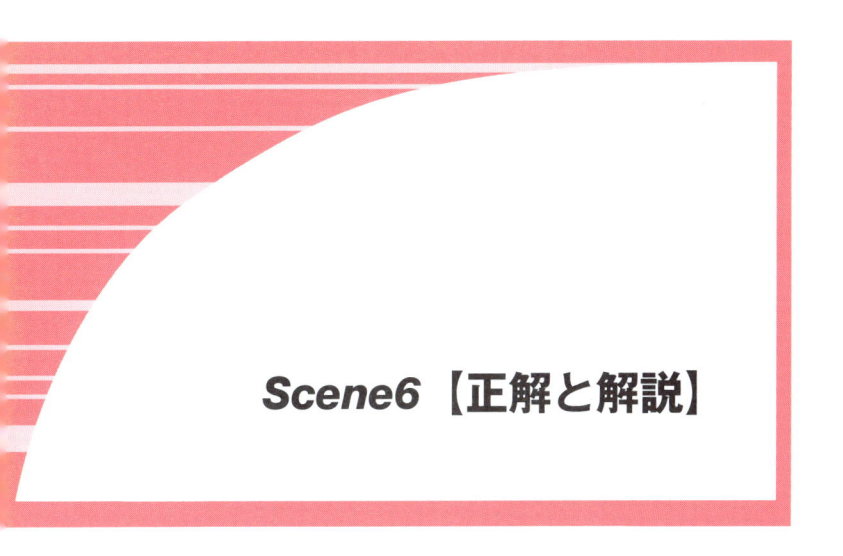

Scene6 【正解と解説】

1. 正解 （A）　　　　　　　　　　　　　　　　CD 31

☞ 解説
(A) 正解。**above** は「〜の上方に」という意味です。
(B) **spill out (of 〜)** は「（〜から）こぼれ出る」という意味。写真と一致しないので不正解。
(C) 引き出し（**drawer**）は1つも開いていないので不正解。
(D) 台所用品（**kitchenware**）はたくさん写っているが、販売されている（**is being sold**）のではないから不正解。

スクリプト　(A) There're shelves above the counter.
　　　　　　(B) Water is spilling out of the sink.
　　　　　　(C) The drawers have been pulled open.
　　　　　　(D) Kitchenware is being sold.

スクリプトの訳　(A) カウンターの上方に棚がある。
　　　　　　　(B) 流しから水がこぼれて出ている。
　　　　　　　(C) 引き出しは開けられている。
　　　　　　　(D) 台所用品が販売されているところだ。

Chapter 2

2. 正解 （B）　　CD 32

☞ 解説

(A) 女性はカップ（**cup**）を手に持っているが、飲んではいないので不正解。
(B) 正解。**pour** は「注ぐ」、**liquid** は「液体」という意味。
(C) 女性は戸棚を開けて（**open the cabinets**）いないので不正解。
(D) 女性は床にモップをかけて（**mop the floor**）いないので不正解。

スクリプト　(A) She's drinking out of the cup.
　　　　　　(B) She's pouring a liquid.
　　　　　　(C) She's opening the cabinets.
　　　　　　(D) She's mopping the floor.

スクリプトの訳　(A) 彼女はカップから飲んでいるところだ。
　　　　　　　　(B) 彼女は液体を注いでいるところだ。
　　　　　　　　(C) 彼女は戸棚を開けているところだ。
　　　　　　　　(D) 彼女は床をモップをかけているところだ。

3. 正解 （C）　　CD 33

☞ 解説

(A) 2人のうちどちらもラップトップパソコン（**laptop computer**）を手に持っている（**are holding**）状態ではないので、不正解。
(B) 2人の人物の間にはコンピュータがあるが、キーボード（**keyboard**）には触れていないので、不正解。
(C) 正解。2人は明らかに屋内と思われる場所でいすに座っている。
(D) **bend over** は「かがむ」という意味なので写真とは一致せず、不正解。

スクリプト　(A) They're holding the laptop computer.
　　　　　　(B) They're typing on the keyboard.
　　　　　　(C) They're seated indoors.
　　　　　　(D) They're bending over the restaurant table.

スクリプトの訳　(A) 彼らはラップトップパソコンを手に持っているところだ。
　　　　　　　　(B) 彼らはキーボードを打っているところだ。
　　　　　　　　(C) 彼らは屋内で腰をかけている。
　　　　　　　　(D) 彼らはレストランのテーブルにかがみこんでいる。

4. 正解 (A) CD 34

☞ 解説

A) 正解。動詞の **face** は「〜を向く；直面する」という意味。**each other** は「お互い」。
B) 2人は床に立っており、長いすの上（**on the couch**）にはいないので不正解。
C) 枕（**pillows**）のようなものは写真にあるが、2人はそれを動かしている（**are moving**）わけではないので不正解。
D) **turn off** は「(明かりやラジオなどを) 消す」という意味。2人の行動と一致しないので不正解。

スクリプト (A) They're facing each other.
(B) They're on the couch.
(C) They're moving the pillows.
(D) They're turning off the lamp.

スクリプトの訳 (A) 彼らはお互いに向き合っている。
(B) 彼らは長いすに座っている。
(C) 彼らは枕を移動させているところだ。
(D) 彼らはライトを消しているところだ。

5. 正解 (B) CD 35

☞ 解説

A) ネコが横たわっている（**is lying**）のは地面（**ground**）ではないので不正解。
B) 正解。写真のアイロン台（**ironing board**）を、家庭用品（**home goods**）と言い換えている。**inside** は「家の中に；室内に」という意味。
C) アイロン台は壁に掛けられている（**has been hung on the wall**）のではないので不正解。
D) カーペット（**carpet**）は掃除されているところ（**is being cleaned**）ではないので不正解。

スクリプト (A) The cat is lying on the ground.
(B) Some home goods are inside.
(C) The ironing board has been hung on the wall.
(D) The carpet is being cleaned.

スクリプトの訳 (A) ネコは地面に横たわっている。
(B) いくつかの家庭用品が室内にある。
(C) アイロン台は壁に掛けられている。
(D) カーペットは掃除されているところだ。

Chapter 2

Scene6 プライベートな空間

重要ボキャブラリー

　私たちの生活する家には、キッチンや寝室などさまざまな部屋があり、置かれている物も異なります。そこでとる行動も含めて英語で表現する練

☐ appliance	[əpláiəns]	名器具；機器；設備
☐ steps	[stéps]	名階段
☐ stairs	[stéərz]	名階段
☐ floor	[flɔ́:r]	名床 *
☐ carpet	[ká:rpit]	名カーペット *
☐ rug	[rʌ́g]	名じゅうたん
☐ kitchen utensils	[kítʃən ju:ténsəl]	台所用品
☐ kitchenware	[kítʃənwèər]	台所用品 *
☐ sink	[síŋk]	名流し *
☐ counter	[káuntər]	名カウンター *
☐ cupboard	[kʌ́bərd]	名戸棚
☐ cabinet	[kǽbənit]	名キャビネット *
☐ microwave oven	[máikrouwèiv ʌ́vən]	電子レンジ
☐ spatula	[spǽtʃulə]	名へら；フライ返し
☐ cutting board	[kʌ́tiŋ bɔ́:rd]	まな板
☐ thermos	[θə́:rməs]	名魔法瓶
☐ bottle opener	[bátl òupənər]	栓抜き
☐ faucet	[fɔ́:sit]	名蛇口
☐ pan	[pǽn]	名なべ
☐ jar	[dʒá:r]	名広口瓶；つぼ；ジャー
☐ ladle	[léidl]	名おたま

Scene6

習をしてみましょう。意外に知らない単語があるので注意して下さい。
「*」のマークが付いているものは、練習問題の中に出てきた語句です。

☐ vacuum cleaner	[vǽkjuəm klìːnər]	掃除機
☐ broom	[brúːm]	名ほうき
☐ mop	[máp]	名モップ
		動モップをかける
☐ dustpan	[dʌ́stpæ̀n]	名ちりとり
☐ furniture	[fə́ːrnitʃər]	名家具
☐ couch	[káutʃ]	名長いす *
☐ lamp	[lǽmp]	名照明 *
☐ laptop computer	[lǽptàp kəmpjúːtər]	ノートパソコン *
☐ keyboard	[kíːbɔ̀ːrd]	名キーボード *
☐ ironing board	[áiərniŋ bɔ̀ːrd]	アイロン台 *
☐ drawer	[drɔ́ːr]	名引き出し *
☐ hang	[hǽŋ]	動掛ける；つるす；掛かる
☐ pour	[pɔ́ːr]	動注ぐ *
☐ lie	[lái]	動横たわっている *
☐ clean	[klíːn]	動掃除する *
☐ spill out of ～	[spíl áut əv]	(～から) こぼれ出る *
☐ be seated	[bi síːtid]	座っている
☐ bend over	[bénd òuvər]	かがむ *
☐ turn off	[tə́ːrn ɔ́f]	(明かりやラジオなどを) 消す *
☐ indoors	[indɔ́ːrz]	副屋内で *

Chapter 2

CD 36〜40

Scene7　乗物

　自動車やバス、地下鉄など、乗物に関する場面を使った練習問題にチャレンジしてみましょう。

　写真を見ながら CD 音声を聴き、その写真の内容を最も適切に表現していると思われるものを A〜D の中から 1 つ選んでください。

　なお、TOEIC の本試験では問題冊子や解答用紙にメモや書き込みをすることは禁止されており、不正行為とみなされます。本番のつもりで取り組んでみてください。

1.

Ⓐ　Ⓑ　Ⓒ　Ⓓ

2.

Ⓐ Ⓑ Ⓒ Ⓓ

3.

Ⓐ Ⓑ Ⓒ Ⓓ

→ GO ON TO THE NEXT PAGE

Chapter 2

4.

Ⓐ Ⓑ Ⓒ Ⓓ

5.

Ⓐ Ⓑ Ⓒ Ⓓ

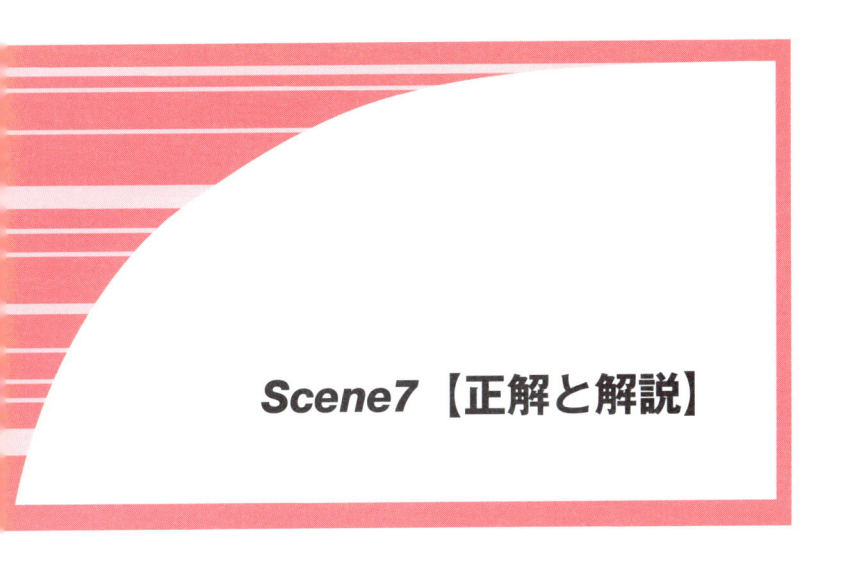

Scene7 【正解と解説】

1. 正解 (C)　　CD 36

☞ 解説

(A) **is being assembled** だと、車のハンドル（**steering wheel**）が「今組み立てられているところだ」という意味になるので不正解。

(B) **is being towed** は「今レッカー移動されているところだ」という意味なので不正解。

(C) 正解。**controls** には「（乗物などの）操縦席」という意味もある。

(D) **get out of the car** は「車から降りる」という意味なので不正解。

スクリプト　(A) The steering wheel is being assembled.
(B) The automobile is being towed.
(C) The driver is at the controls.
(D) A person is getting out of the car.

スクリプトの訳　(A) ハンドルは組み立てられているところだ。
(B) 自動車はレッカー移動されているところだ。
(C) 運転手は操縦席にいる。
(D) 1人の人が車から降りているところだ。

Chapter 2

2. 正解 (B)　　　CD 37

☞ 解説
(A) 車は路上に駐車されており、建物の中 (**inside the building**) ではないので不正解。
(B) 正解。**sidewalk** は「歩道」という意味。
(C) **sit** には「座る」のほか「(物が) 位置している；置いてある」という意味もあるた
　　場所が車庫 (**garage**) ではないので不正解。
(D) 写真の場所は路上であり橋 (**bridge**) ではないので不正解。

スクリプト　(A) It's parked inside the building.
　　　　　　(B) It's on the sidewalk.
　　　　　　(C) It's sitting in the garage.
　　　　　　(D) It's stopped on the bridge.

スクリプトの訳　(A) それは建物の中に駐車されている。
　　　　　　　(B) それは歩道上にある。
　　　　　　　(C) それは車庫の中に (置いて) ある。
　　　　　　　(D) それは橋の上で止められている。

3. 正解 (C)　　　CD 38

☞ 解説
(A) 乗客たち (**riders**) が乗り込んでいるのは荷車 (**cart**) ではないので不正解。
(B) 乗客たち (**passengers**) が入っているのは電車のドア (**train doors**) ではない
　　ので不正解。
(C) 正解。**line up** は「一列に並ぶ」という意味。
(D) **the stands** は「(競技場の) 観客席；スタンド」という意味なので不正解。

スクリプト　(A) The cart is picking up riders.
　　　　　　(B) Passengers are entering the train doors.
　　　　　　(C) Some people have lined up outside.
　　　　　　(D) People are walking up into the stands.

スクリプトの訳　(A) 荷車は乗客たちを乗せているところだ。
　　　　　　　(B) 乗客たちは電車のドアを入っているところだ。
　　　　　　　(C) 何人かの人たちが外で一列に並んでいる。
　　　　　　　(D) 人々は観客席へ歩いて上がっているところだ。

4. 正解 (B)　　CD 39

☞ 解説

A) 雪が降っている (snow is falling) のは写真と一致しているが、バラ (rose) の上ではないので不正解。rose と roads (道路) を聞き間違えないように。
B) 正解。transportation は「輸送」で、「交通機関」の意味でも使われる。
C) stow away は「(所定の場所に) 格納する；しまい込む」の意味なので不正解。
D) 写真には歩行者 (pedestrian) はいないので不正解。

スクリプト　(A) Snow is falling on the rose.
(B) Transportation is being used.
(C) The train rails are being stowed away.
(D) The pedestrian is crossing the snowy street.

スクリプトの訳　(A) バラの上に雪が降っている。
(B) 交通機関は利用されているところだ。
(C) 鉄道のレールはしまい込まれているところだ。
(D) 歩行者は雪道を渡っているところだ。

5. 正解 (B)　　CD 40

☞ 解説

A) be towed は「レッカー移動される」という意味なので、写真と一致せず不正解。
B) 正解。「車」を car ではなく vehicle という単語で表現している。
C) streetcar は「通りの車」ではなく「路面電車」という意味。写真と一致しないので不正解。
D) ビル (building) は写真にあるが、建設計画 (construction plans) も黒板 (blackboard) も写真と一致しないので不正解。

スクリプト　(A) Some cars are being towed past the skyscrapers.
(B) Some of the vehicles are behind the others.
(C) The streetcars have stopped by the sidewalk.
(D) The building construction plans are on the blackboard.

スクリプトの訳　(A) 何台かの車がレッカー移動されて高層ビルを通り過ぎているところだ。
(B) 車 [乗り物] のうちの何台かは、別の車の後ろにいる。
(C) 路面電車は歩道に停車している。
(D) ビルの建設計画が黒板に表示されている。

Chapter 2

Scene7 乗物

重要ボキャブラリー

　現在は車社会ですから、街の風景の写真には車などの乗物が写っていることが多々あり、出題されることも多いです。乗り物を中心とした英単語

☐ traffic	[trǽfik]	名交通（量）;往来;(往来する)自動車;輸送
☐ transportation	[trænspərtéiʃən]	名輸送;交通機関 *
☐ pedestrian	[pədéstriən]	名歩行者 *
☐ passenger	[pǽsəndʒər]	名乗客;旅客 *
☐ vehicle	[ví:ikl]	名輸送手段;車両 *
☐ bike	[báik]	名自転車（= bicycle）
☐ motorcycle	[móutərsàikl]	名オートバイ
☐ truck	[trʌ́k]	名トラック
☐ van	[vǽn]	名ワゴン車;小型トラック
☐ cart	[ká:rt]	名荷車 *
☐ streetcar	[strí:tkà:r]	名路面電車 *
☐ automobile	[ɔ́:təməbì:l]	名自動車 *
☐ hood	[húd]	名ボンネット
☐ windshield	[wíndʃì:d]	名フロントガラス
☐ flat tire	[flǽt táiər]	パンク（したタイヤ）
☐ steering wheel	[stíəriŋ hwí:l]	ハンドル *
☐ control	[kəntóul]	名管理（人）;(通例～s)操縦席 *
☐ intersection	[intərsékʃən]	名交差点
☐ curb	[kə́:rb]	名歩道の縁石
☐ traffic cone	[trǽfik kóun]	円錐標識;コーン
☐ wire	[wáiər]	名電線
☐ lane	[léin]	名車線
☐ sidewalk	[sáidwɔ̀:k]	名歩道 *

をチェックしていきましょう。

「*」のマークが付いているものは、練習問題の中に出てきた語句です。

☐ **railroad track**	[réilròud trǽk]	線路
☐ **platform**	[plǽtfɔ:rm]	名プラットホーム
☐ **warehouse**	[wέərhàus]	名倉庫
☐ **garage**	[gərá:dʒ]	名車庫；ガレージ*
☐ **cross**	[krɔ́:s]	名交差点；十字架
		動（道などを）渡る*
☐ **load**	[lóud]	名荷；積み荷
		動（荷物を）積む；（弾丸を）こめる
☐ **unload**	[ʌ̀nlóud]	動荷［乗客］を降ろす；除去する
☐ **park**	[pá:rt]	動駐車させる；駐車する*
☐ **tow**	[tóu]	動（車や船などを綱や鎖などで）引く；レッカー移動する*
☐ **assemble**	[əsémbl]	動集める；組み立てる*
☐ **face**	[féis]	動（ものがある方に）向いている
☐ **pull into ～**	[púl ìntə]	（電車が）駅に入る；（車が）～に寄る
☐ **climb into ～**	[kláim ìntə]	～に乗り込む
☐ **get on**	[gét ən]	（電車やバスなどに）乗る
☐ **get out**	[gét àut]	（乗物から）降りる*
☐ **lined up**	[láin ʌp]	一列に並ぶ*
☐ **in front of**	[in frʌ́nt əv]	～の正面に
☐ **stow away**	[stóu əwèi]	（所定の場所に）格納する；しまい込む*
☐ **snowy**	[snóui]	形雪の多い；雪の降る*

Chapter 2

Scene8 水辺

CD 41～45

　海や河川、プールなど、時には船なども含めたさまざまな「水辺」の風景を使った練習問題にチャレンジしてみましょう。

　写真を見ながらCD音声を聴き、その写真の内容を最も適切に表現していると思われるものをA～Dの中から1つ選んでください。

　なお、TOEICの本試験では問題冊子や解答用紙にメモや書き込みをすることは禁止されており、不正行為とみなされます。本番のつもりで取り組んでみてください。

1.

Ⓐ　Ⓑ　Ⓒ　Ⓓ

2.

Ⓐ Ⓑ Ⓒ Ⓓ

3.

Ⓐ Ⓑ Ⓒ Ⓓ

➜ GO ON TO THE NEXT PAGE

Chapter 2

4.

Ⓐ Ⓑ Ⓒ Ⓓ

5.

Ⓐ Ⓑ Ⓒ Ⓓ

Scene8【正解と解説】

1. 正解 （A）　　　　　　　　　　　　　　　　　CD 41

☞ 解説

(A) 正解。boardwalk は「（板張りの）遊歩道」、shore は「岸辺」という意味。
(B) 座席（seats）が置かれている場所は屋根の上（on the roof）ではないので不正解。
(C) 街路灯（lamppost）があるのは往来の上方（above the traffic）ではないので不正解。
(D) 写真の場所は船の甲板（ship deck）ではないので不正解。

スクリプト　(A) The boardwalk is on the shore.
　　　　　　(B) The seats have been arranged on the roof.
　　　　　　(C) The lamppost is above the traffic.
　　　　　　(D) Chairs have been set on the ship deck.

スクリプトの訳　(A) 遊歩道は岸辺にある。
　　　　　　　　(B) 座席は屋根の上に配列されている。
　　　　　　　　(C) 街灯柱は往来の上にある。
　　　　　　　　(D) 船の甲板にいすが設置されている。

Chapter 2

2. 正解 （D）　　　　　　　　　　　　　　　　　　　　CD 42

☞ 解説

(A) is being designed は「今設計されているところだ」という意味なので不正解。

(B) flow over ～は「～を越えて流れる」という意味。写真には滝（**falls**）はないので不正解。

(C) 写真には風呂の湯（**bath water**）はないので不正解。

(D) 正解。walkway は「歩行路連絡用通路」という意味。

スクリプト　(A) The boat is being designed.
(B) Water is flowing over the falls.
(C) Some items are floating in the bath water.
(D) The passengers are on the walkway.

スクリプトの訳　(A) 船は設計されているところだ。
(B) 水が滝から流れ落ちている。
(C) 風呂の湯に（いくつかの）品物が浮かんでいる。
(D) 乗客たちは連絡用通路にいる。

3. 正解 （B） 　　　　　　　　　　　　　　　　　　　　CD 43

☞ 解説

(A) 写真の人物たちが歩いているのはホールの中（**in the hall**）ではないので不正解。

(B) 正解。pier は「埠頭；桟橋」という意味。

(C) go over the railing は「手すり［ガードレール］を越える」という意味。写真の人々の行動とは一致しないため不正解。

(D) ベンチ（**benches**）があるのはスタジアムの中（**in the stadium**）ではないので不正解。

スクリプト　(A) Some of the people are walking in the hall.
(B) The pier is above the water.
(C) All of the people are going over the railing.
(D) The benches are in the stadium.

スクリプトの訳　(A) 人々のうち何人かはホールの中を歩いている。
(B) 埠頭は水の上にある。
(C) 人々はみんな手すりを越えているところだ。
(D) ベンチはスタジアムの中ある。

4. 正解 (A) 　　　CD 44

☞ 解説

A) 正解。**turn ～ around** は「～を振り向かせる」という意味。

B) is being closed は「閉められているところだ」という意味なので不正解。

C) 両方の人物（**both of the people**）は船の座席に座っており、机に向かって座っている（**are seated at desks**）のではないから不正解。

D) 2人はヨットから降りている（**are getting off the sailboat**）のではないから不正解。

スクリプト (A) One of the people has turned around.
(B) The ship window is being closed.
(C) Both of the people are seated at desks.
(D) They're getting off the sailboat.

スクリプトの訳 (A) 人物のうち1人が振り返っている。
(B) 船の窓は閉められているところだ。
(C) 人物は両方とも机に向かって座っている。
(D) 彼女たちはヨットから降りているところだ。

5. 正解 (D) 　　　CD 45

☞ 解説

A) 写真の人物は誰も水の中（**in the water**）にはいないので不正解。

B) are taking off their jackets は「上着を脱いでいるところだ」という意味なので不正解。

C) 写真の中央に照明の柱（**lamp pole**）はあるが、ペンキを塗っている（**are painting**）人はいないので不正解。

D) 正解。**beyond** は「～の向こうに」という意味。

スクリプト (A) Some people are in the water.
(B) They're taking off their jackets.
(C) They're painting the lamp pole.
(D) There's water beyond the fence.

スクリプトの訳 (A) 何人かの人が水の中にいる。
(B) 彼女たちは上着を脱いでいるところだ。
(C) 彼女たちは照明の柱にペンキを塗っているところだ。
(D) フェンスの向こうに水がある。

Chapter 2

Scene8 水辺

重要ボキャブラリー

ビジネスが盛んな大都市は、大きな川や海に面した地域である場合も多いと思います。そのような場面の問題には、水辺に関した英単語が使われ

☐ ocean	[óuʃən]	名	海；太洋
☐ stream	[strí:m]	名	小川
☐ fall	[fɔ́:l]	名	滝 *
☐ bay	[béi]	名	湾
☐ liquid	[líkwid]	名	液体
☐ plumbing	[plʌ́miŋ]	名	配管
☐ hose	[hóuz]	名	ホース
☐ surf	[sə́:rf]	名	波
☐ shore	[ʃɔ́:r]	名	海岸；岸辺 *
☐ beach	[bí:tʃ]	名	海岸
☐ harbor	[há:rbər]	名	港湾；港
☐ pier	[píər]	名	埠頭；桟橋 *
☐ buoy	[bú:i]	名	ブイ
☐ sailboat	[séilbòut]	名	(小型) 帆船；ヨット *
☐ cruiser	[krú:zər]	名	クルーザー
☐ yacht	[ját]	名	ヨット
☐ tugboat	[tʌ́gbòut]	名	タグボート
☐ (ship) deck	[dèk]	名	デッキ；甲板 *
☐ rudder	[rʌ́dər]	名	(船の) かじ
☐ oar	[ɔ́:r]	名	オール
☐ anchor	[ǽŋkər]	名	錨
		動	停泊する；停泊させる
☐ walkway	[wɔ́:kwèi]		歩行路；連絡用通路 *

るのでチェックしておきましょう。
「*」のマークが付いているものは、練習問題の中に出てきた語句です。

☐ **boardwalk**	[bɔ́ːrdwɔ̀ːk]	名海岸の遊歩道 *
☐ **railing**	[réiliŋ]	手すり；ガードレール *
☐ **lighthouse**	[láithàus]	名灯台
☐ **lamp pole**	[lǽmp pòul]	照明の柱 *
☐ **surface**	[sɔ́ːrfis]	名表面
☐ **bathing suit**	[béiðiŋ súːt]	(旧式の) 水着
☐ **swimsuit**	[swímsúːt]	名水着
☐ **ship**	[ʃíp]	名船
		動船に積む；輸送する
☐ **sail**	[séil]	名 (船の) 帆；航海
		動航行する
☐ **cruise**	[krúːz]	(遊覧船などが) 巡航する
☐ **fisherman**	[fíʃərmən]	名漁師
☐ **fish**	[fíʃ]	名魚
		動釣る；取る；釣り [漁] をする
☐ **flow**	[flóu]	動流れる *
☐ **crash**	[krǽʃ]	動すごい音を立ててぶつかる
☐ **float**	[flóut]	動浮く *
		名浮くもの；いかだ
☐ **seat**	[síːt]	動〜を着席させる *
☐ **line up**	[láin ʌp]	(一列に) 並べる
☐ **pull in**	[púl in]	引き寄せる
☐ **out to sea**	[áut tə síː]	出港して；港を離れて

Chapter 2

CD 46～50

Scene9 建物正面

　路上（屋外）、とくに何かの建築物——商業施設のショーウィンドーやマンション、アパートなど——をフィーチャーした写真を使った練習問題にチャレンジしてみましょう。

　写真を見ながらCD音声を聴き、その写真の内容を最も適切に表現していると思われるものをA～Dの中から1つ選んでください。

　なお、TOEICの本試験では問題冊子や解答用紙にメモや書き込みをすることは禁止されており、不正行為とみなされます。本番のつもりで取り組んでみてください。

1.

Ⓐ　Ⓑ　Ⓒ　Ⓓ

Scene9

2.

Ⓐ Ⓑ Ⓒ Ⓓ

3.

Ⓐ Ⓑ Ⓒ Ⓓ

→ GO ON TO THE NEXT PAGE

Chapter 2

4.

Ⓐ   Ⓑ   Ⓒ   Ⓓ

5.

Ⓐ   Ⓑ   Ⓒ   Ⓓ

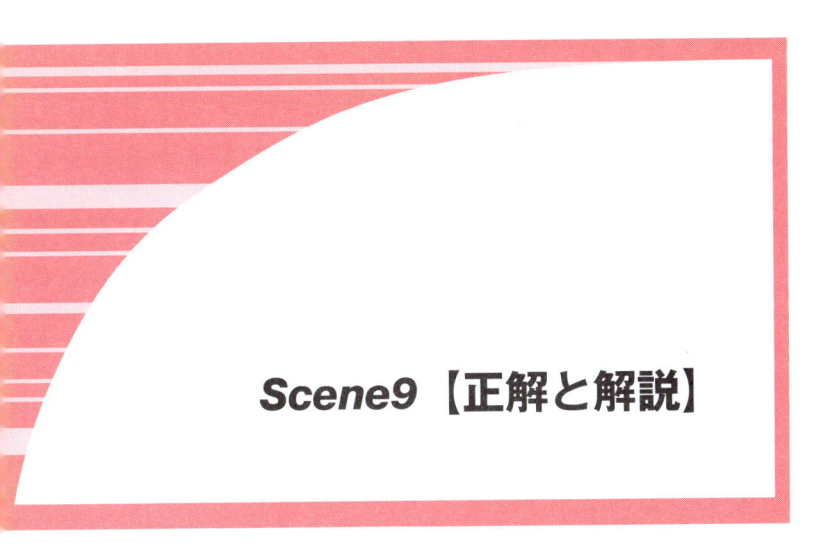

Scene9【正解と解説】

1. 正解 （C） CD 46

解説
A) 木に登っている（are climbing the tree）人はいないので不正解。
B) 通りを渡っている（are crossing the street）人はいないので不正解。
C) 正解。stroll は「ぶらつく；散歩する」という意味。
D) 窓の外を見ている（are looking out the windows）人はいないので不正解。

スクリプト
(A) Two of the people are climbing the tree.
(B) They're crossing the street.
(C) Some people are out strolling.
(D) All of the people are looking out the windows.

スクリプトの訳
(A) 人物のうち2人が木に登っているところだ。
(B) 彼らは通りを渡っているところだ。
(C) 何人かの人々が外で散歩している。
(D) 人物は全員窓の外を見ている。

Chapter 2

2. 正解 (B)　　　CD 47

☞ **解説**

(A) 女性はドレスを着ているが、購入している (**is buying**) のではないから不正解。
(B) 正解。**by oneself** は「1人で；単独で」という意味。
(C) 女性は展示ケースを拭いている (**is wiping the display case**) のではないから不正解。
(D) 女性が立っているのはショーウインドーの前（の路上）であり、通路 (**aisles**) ではないから不正解。

スクリプト　(A) She's buying the dress.
　　　　　　(B) She's by herself.
　　　　　　(C) She's wiping the display case.
　　　　　　(D) She's standing in the aisles.

スクリプトの訳　(A) 彼女はドレスを購入しているところだ。
　　　　　　　(B) 彼女は1人でいる。
　　　　　　　(C) 彼女は展示ケースを拭いているところだ。
　　　　　　　(D) 彼女は通路に立っている。

3. 正解 (D)　　　CD 48

☞ **解説**

(A) 写真の場所は山道 (**mountain road**) ではないので不正解。
(B) シーツ (**sheets**) は写真のどこにもないので不正解。
(C) 旗 (**flags**) は引き降ろされているところ (**are being pulled down**) ではないので不正解。
(D) 正解。**truck**（トラック）や **bus**（バス）ではなく **vehicle**（車両）という単語が使われている。

スクリプト　(A) There's traffic on the mountain road.
　　　　　　(B) The sheets are next to the building.
　　　　　　(C) The flags are being pulled down.
　　　　　　(D) A space is between two vehicles.

スクリプトの訳　(A) 山道には往来がある。
　　　　　　　(B) シートは建物のとなりにある。
　　　　　　　(C) 旗が引き下ろされている。
　　　　　　　(D) 2台の車両の間には、空間がある。

4. 正解 (D)　　　　　　　　　　　　　　　　　CD 49

解説
A) オーブン（**oven**）は写真のどこにもないので不正解。
B) 写真の建物は人形の家（**doll house**）ではないので不正解。
C) 階段は地下室（**basement**）ではなく玄関のドアへ通じているので不正解。
D) 正解。**forward** は「前方へ；前面へ」という意味。

スクリプト　(A) The oven doors have been shut.
　　　　　　(B) The car has been parked by the doll house.
　　　　　　(C) The steps are leading to the basement.
　　　　　　(D) The windows are facing forward.

スクリプトの訳　(A) オーブンの扉は閉められている。
　　　　　　　　(B) 車は人形の家のそばに停められている。
　　　　　　　　(C) 階段は地下室へ続いている。
　　　　　　　　(D) 窓は前方へ向いている。

5. 正解 (A)　　　　　　　　　　　　　　　　　CD 50

解説
A) 正解。人々が握っているものを、**cup**（カップ）や **bottle**（瓶）などではなく **items**（品物）という語で表している。
B) 写真に彫像（**statue**）はあるが、人々はそれを磨いている（**are polishing**）のではないから不正解。
C) **are buying** は「今買っているところだ」の意味なので不正解。
D) **porch** は「(張り出した屋根つきの) 玄関」で、**steps** は階段状に高くなった部分を指す。写真の人物たちがいる場所は **porch** ではないので不正解。

スクリプト　(A) Some of the people are holding items.
　　　　　　(B) All of the people are polishing the statue.
　　　　　　(C) They're buying cups.
　　　　　　(D) They're on the porch steps.

スクリプトの訳　(A) 人物のうち何人かは品物を手に持っている。
　　　　　　　　(B) 人々は全員、像を磨いているところだ。
　　　　　　　　(C) 彼らはカップを買っているところだ。
　　　　　　　　(D) 彼らはポーチの段の上にいる。

Chapter 2

Scene9 建物

重要ボキャブラリー

ビジネスが行われている都市には、さまざまな建物があります。街中の風景を切り取った写真の問題の対策として、建物の外部や置かれている物

☐ mailbox	[méilbɑ̀ks]	名	郵便ポスト
☐ urban area	[ə́:rbən έəriə]		都市部
☐ office building	[ɔ́:fis bíldiŋ]		オフィスビル
☐ canopy	[kǽnəpi]	名	張り出し屋根
☐ entrance	[éntrəns]	名	入り口；玄関
☐ story	[stɔ́:ri]	名	階
☐ porch	[pɔ́:rtʃ]	名	（張り出した屋根つきの）玄関 *
☐ basement	[béismənt]	名	地下室 *
☐ staircase	[stέərkèis]	名	階段
☐ ladder	[lǽdər]	名	はしご；手段
☐ stepladder	[stéplæ̀dər]	名	脚立
☐ flag	[flǽg]	名	旗 *
☐ banner	[bǽnər]	名	横断幕
☐ sculpture	[skʌ́lptʃər]	名	彫刻；彫像
☐ statue	[stǽtʃər]	名	彫像 *
☐ antenna	[ænténə]	名	アンテナ
☐ brick	[brík]	名	れんが
☐ traffic	[trǽfik]	名	往来 *
☐ space	[spéis]	名	空所；場所；空間 *
☐ place	[pléis]	名	場所；所
		動	（物を）置く
☐ face	[féis]	動	（ものがある方に）向いている *

の形などを描写する英単語を覚えておきましょう。
「*」のマークが付いているものは、練習問題の中に出てきた語句です。

☐ **polish**	[páliʃ]	動 磨く*
☐ **paint**	[péint]	名 ペンキ；絵の具
		動 ペンキを塗る
☐ **stroll**	[stróul]	動 ぶらつく；散歩する*
☐ **occupy**	[ákjupài]	動 ～を占める；ふさぐ
☐ **walk out of ～**	[wɔ́:k aut əv]	～から出る
☐ **exterior**	[ikstíəriər]	形 外（側）の；屋外用の
		名 外部；外見
☐ **next to ～**	[nékst tu]	～の隣
☐ **by oneself**	[bái wʌnsélf]	1人で；単独で*
☐ **under construction**	[ʌ́ndər kənstrʌ́kʃən]	建設中で
☐ **oval**	[óuvəl]	形 卵形の；だ円形の
☐ **horizontal**	[hɔ̀:rəzɑ́ntl]	形 水平の；水平になった
☐ **vertical**	[vɚ́:rtikəl]	形 垂直の
☐ **parallel**	[pǽrəlèl]	形 平行な
☐ **circle**	[sɚ́:rkl]	名 円
☐ **rectangle**	[réktæ̀ŋgl]	名 長方形
☐ **triangle**	[tráiæ̀ŋgl]	名 三角形
☐ **square**	[skwéər]	名 正方形
		形 正方形の；直角の
☐ **cube**	[kjú:b]	名 立方体（のもの）
☐ **sphere**	[sfíər]	名 球体

Chapter 2

CD 51～55

Scene10 街中の風景

　街の中で見られるさまざまなシーンを使った練習問題にチャレンジしてみましょう。

　写真を見ながらCD音声を聴き、その写真の内容を最も適切に表現していると思われるものをA～Dの中から1つ選んでください。

　なお、TOEICの本試験では問題冊子や解答用紙にメモや書き込みをすることは禁止されており、不正行為とみなされます。本番のつもりで取り組んでみてください。

1.

Ⓐ　Ⓑ　Ⓒ　Ⓓ

2.

Ⓐ Ⓑ Ⓒ Ⓓ

3.

Ⓐ Ⓑ Ⓒ Ⓓ

Chapter 2

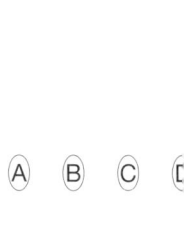

4.

Ⓐ Ⓑ Ⓒ Ⓓ

5.

Ⓐ Ⓑ Ⓒ Ⓓ

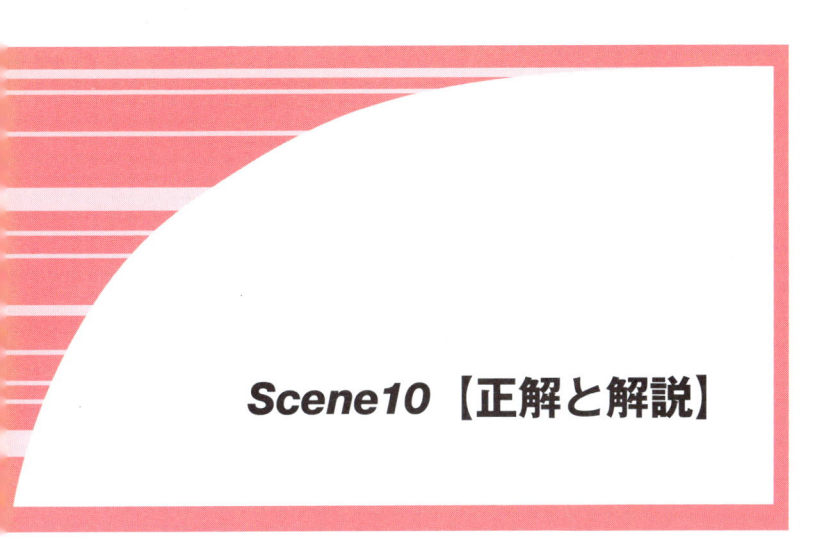

Scene10【正解と解説】

1. 正解 (D)　　CD 51

解説
(A) 写真に写っているのはおもちゃの街（**toy city**）ではないので不正解。
(B) 天窓（**skylight**）は写真のどこにもないので不正解。
(C) 高層ビル（**skyscrapers**）は写真にあるが、それは **blueprints**（〈複数の〉青写真；設計図）ではないので不正解。
(D) 正解。**real estate** は「不動産（土地や建物）」という意味。

スクリプト
(A) A toy city has been built.
(B) The skylight has been opened.
(C) The blueprints have many skyscrapers on them.
(D) Real estate has been widely developed.

スクリプトの訳
(A) おもちゃの街が建設され（終わっ）ている。
(B) 天窓は開けられている。
(C) 設計図にはたくさんの高層ビルがある。
(D) 不動産が広く開発されている。

Chapter 2

2. 正解 （D）　　　　　　　　　　　　　　　　　　　　　CD 52

☞ 解説
(A) 車輪（**wheels**）にチェーンキーはついているが、道路標識（**street sign**）につながれているわけではないので不正解。
(B) タイヤが取り外されている（**be taken off**）わけではないので不正解。
(C) オートバイ（**motorcycle**）は写真のどこにもないので不正解。
(D) 正解。写真の中央と右端に、地面に据え付けられた柱（**poles**）がある。

|スクリプト| **(A)** The wheels have been chained to the street sign.
(B) Tires have been taken off the bicycle.
(C) The motorcycle is next to the road.
(D) Poles have been set into the ground.

|スクリプトの訳| (A) (前後の) 車輪は道路標識に繋がれている。
(B) 自転車から（前後の）タイヤが外されている。
(C) オートバイは道路の隣にある。
(D) 地面に（複数の）柱が据え付けられている。

3. 正解 （A）　　　　　　　　　　　　　　　　　　　　　CD 53

☞ 解説
(A) 正解。**be outdoors** は「屋外にいる」という意味。
(B) 公園（**park**）に芝生（**grass**）があるようにも見えるが、水がまかれている（**being watered**）わけではないので不正解。
(C) **greenery**（青葉；草木）は写真にあるが、場所が家の庭（**home garden**）ではないので不正解。
(D) 写真のどこにもサッカー場（**soccer field**）はないので不正解。

|スクリプト| **(A) Various people are outdoors.**
(B) The park grass is being watered.
(C) Greenery is growing in the home garden.
(D) All of the people are on the soccer field.

|スクリプトの訳| (A) さまざまな人々が屋外にいる。
(B) 公園の芝生に水がまかれているところだ。
(C) 家の庭で草木が育っている。
(D) すべての人々はサッカー場にいる。

4. 正解 (D)　　CD 54

☞ 解説

A) 建物の入り口(**the building entrance**)は写真にあるが、職員(**staff**)はいないので不正解。
B) 写真の場所は裏庭(**backyard**)ではないので不正解。
C) すべての草(**all of the grass**)が引き抜かれている(**has been pulled up**)わけではないので不正解。
D) 正解。**bush** は「低木(の茂み)」、**the soil** は「地面」という意味。

スクリプト　(A) The staff are outside the building entrance.
　　　　　　(B) The tree has been planted in the backyard.
　　　　　　(C) All of the grass has been pulled up.
　　　　　　(D) Bushes have been growing in the soil.

スクリプトの訳　(A) 職員たちは建物の入り口の外側にいる。
　　　　　　　　(B) その木は裏庭に植えられている。
　　　　　　　　(C) 草は全部引き抜かれている。
　　　　　　　　(D) 低木の茂みが地面で成長している。

5. 正解 (A)　　CD 55

☞ 解説

A) 正解。**plaza** は「広場；ショッピングプラザ；サービスエリア」などの意味。
B) 写真に階段(**staircase**)はあるが、今作られているところだ(**is being made**)というわけではないので不正解。
C) 階段の段(**steps**)にレンガ(**bricks**)は置かれていないので不正解。
D) 写真に banners(旗；横断幕；垂れ幕)はあるが、建物の外に掛けられており教室の中(**in the class**)ではないので不正解。

スクリプト　(A) There's a plaza by the entrance.
　　　　　　(B) The staircase is being made.
　　　　　　(C) Bricks have been placed on the steps.
　　　　　　(D) Banners have been hung in the class.

スクリプトの訳　(A) 入り口のそばに広場がある。
　　　　　　　　(B) 階段は建設されているところだ。
　　　　　　　　(C) 階段にレンガが置かれている。
　　　　　　　　(D) 教室の中に横断幕が掛けられている。

Chapter 2

Scene10 街中の風景

重要ボキャブラリー

路上や公園など、街の中でよく目にするものや風景について、英語で表現する訓練をしましょう。ものや風景の状態を表す形容詞も一緒に覚えて

☐ **real estate**	[ríːəl istèit]		不動産 *
☐ **construction**	[kənstrʌ́kʃən]	名	建設；組立；建造物
☐ **structure**	[strʌ́ktʃər]	名	構造；建造物
☐ **skyscraper**	[skáiskrèipər]	名	高層ビル *
☐ **complex**	[kάmpleks]	名	複合ビル
☐ **entrance**	[éntrəns]	名	入り口 *
☐ **plaza**	[pláːzə]	名	広場；ショッピングプラザ；サービスエリア
☐ **rooftop**	[rúːftὰp]	名	屋上
☐ **skylight**	[skáilàit]	名	天窓 *
☐ **flowerbed**	[fláuərbèd]	名	花壇
☐ **greenery**	[gríːnəri]	名	青葉；草木 *
☐ **plant**	[plǽnt]	名	植物
		動	植える *
☐ **bush**	[búʃ]	名	低木（の茂み）*
☐ **soil**	[sɔ́il]	名	地面 *
☐ **home garden**	[hóum gάːrdn]		家の庭 *
☐ **backyard**	[bǽkjὰːrd]	名	裏庭 *
☐ **court**	[kɔ́ːrt]	名	中庭
☐ **streetlight**	[stríːtlàit]	名	街灯
☐ **street sign**	[stríːt sáin]		道路標識 *
☐ **pole**	[póul]	名	柱 *
☐ **placard**	[plǽkɑːrd]	名	掲示；ポスター

しまうのがオススメです。

「*」のマークが付いているものは、練習問題の中に出てきた語句です。

☐ **billboard**	[bílbɔ̀:rd]	名広告看板
☐ **walking trail**	[wɔ́:kiŋ tréil]	遊歩道
☐ **alley**	[ǽli]	名裏通り
☐ **overpass**	[óuvərpæs]	名歩道橋；陸橋
☐ **phone booth**	[fóun bù:θ]	電話ボックス
☐ **cross the street**	[krɔ́:s ða strí:t]	通りを渡る；横切る
☐ **shape**	[ʃéip]	名形；形状
		動形作る
☐ **pointed**	[pɔ́intid]	形先のとがった
☐ **diagonal**	[daiǽgənl]	形対角線の；斜めの
☐ **slant**	[slǽnt]	形斜めの；傾いた
		動傾く
☐ **rough**	[rʌ́f]	形でこぼこの；荒れた
☐ **even**	[í:vən]	形平らな；同じ高さの；
☐ **thin**	[θín]	形薄い；細い；まばらの
☐ **thick**	[θík]	形厚い；太い；密集した
☐ **straight**	[stréit]	形まっすぐな；直立した
☐ **curved**	[kə́:rvd]	形湾曲した
☐ **various**	[vɛ́əriəs]	形さまざまな *
☐ **water**	[wɔ́:tər]	動水をまく *
☐ **develop**	[divéləp]	動発達する *
☐ **widely**	[wáidli]	副広く *

Chapter 2

CD 56～60

Scene11 人物

　ここでは何かをしている人物にスポットを当てた写真を使った練習問題にチャレンジしてみましょう。

　写真を見ながらCD音声を聴き、その写真の内容を最も適切に表現していると思われるものをA～Dの中から1つ選んでください。

　なお、TOEICの本試験では問題冊子や解答用紙にメモや書き込みをすることは禁止されており、不正行為とみなされます。本番のつもりで取り組んでみてください。

1.

Ⓐ　Ⓑ　Ⓒ　Ⓓ

2.

Ⓐ Ⓑ Ⓒ Ⓓ

3.

Ⓐ Ⓑ Ⓒ Ⓓ

Chapter 2

4.

Ⓐ Ⓑ Ⓒ Ⓓ

5.

Ⓐ Ⓑ Ⓒ Ⓓ

Scene11【正解と解説】

1. 正解 (D) 　　　　　　　　　　　　　　　　　　　　　　CD 56

解説
(A) 男性はページを印刷している（**is printing out the pages**）のではないから不正解。
(B) 男性が読んでいるのは電子書籍（**e-book**）ではないので不正解。**e-book** の **e-** を聴き逃さないように注意。
(C) 男性はTシャツ（**T-shirts**）を着ているが、「試着しているところだ（**is trying on**）」というわけではないので不正解。
(D) 正解。**wear** には「（めがねやカバンを）身につけている」という意味もある。**is wearing** は「身につけている」という状態を表し、「身につけつつある」という動作の意味ではない。

スクリプト
(A) He's printing out the pages.
(B) He's reading an e-book.
(C) He's trying on a T-shirt.
(D) He's wearing glasses.

スクリプトの訳
(A) 彼はページを印刷しているところだ。
(B) 彼は電子書籍を読んでいるところだ。
(C) 彼はTシャツを試着しているところだ。
(D) 彼はめがねをかけている。

Chapter 2

2. 正解 (C)　　　CD 57

☞ 解説

(A) 彫像 (**statue**) を押しているのは1人であり、両方の人物 (**both of the people**) ではないので不正解。
(B) 壁に水をかけている (**is spraying water on the wall**) 人はいないので不正解。
(C) 正解。**is standing open** は「開いている状態である」という意味。
(D) 掃除されている (**is being swept**) のは部屋の床 (**room floor**) ではなくて店の外なので不正解。

スクリプト　(A) Both of the people are pushing the statue.
　　　　　　(B) One of the people is spraying water on the wall.
　　　　　　(C) The shop is standing open.
　　　　　　(D) The room floor is being swept.

スクリプトの訳　(A) 人物は両方とも像を押しているところだ。
　　　　　　　(B) 人物のうち1人が壁に水をかけているところだ。
　　　　　　　(C) その店は開いた状態である。
　　　　　　　(D) その部屋の床は掃除されているところだ。

3. 正解 (B)　　　CD 58

☞ 解説

(A) 2人の人物はテーブルを動かしている (**are moving the table**) のではないから不正解。
(B) 正解。**play a game** で「ゲームをする；対局する」という意味。
(C) 2人の人物はいすから立ち上がっている (**are getting up from their chairs**) のではないから不正解。
(D) 2人の人物は帽子をかぶっており、手に持っている (**are holding**) のではないから不正解。

スクリプト　(A) They're moving the table.
　　　　　　(B) They're playing a game.
　　　　　　(C) They're getting up from their chairs.
　　　　　　(D) They're holding their hats.

スクリプトの訳　(A) 彼らはテーブルを動かしているところだ。
　　　　　　　(B) 彼らはゲームをしているところだ。
　　　　　　　(C) 彼らはいすから立ち上がっているところだ。
　　　　　　　(D) 彼らは自分の帽子を手に持っている。

4. 正解　(A)　　　　　　　　　　　　　　　　　　　CD 59

解説

A) 正解。video camera（ビデオカメラ）と言わずに device（装置；機器）という語を使っている。operate は「(機械などを) 操作する」という意味。
B) video は「ビデオ（映像）；ビデオテープ［カセット］」の意味であり、ビデオカメラ（video camera）の意味では使わない。したがって不正解。
C) 写真の場所は映画館（movie theater）ではないので不正解。
D) 写真の人物はカメラを箱詰めにしている（are boxing up the camera）のではないから不正解。

スクリプト
(A) He's operating a device.
(B) He's holding a video.
(C) He's standing in the movie theater.
(D) He's boxing up the camera.

スクリプトの訳
(A) 彼は機器を操作しているところだ。
(B) 彼はビデオ（テープ）を手に持っているところだ。
(C) 彼は映画館の中で立っているところだ。
(D) 彼はカメラを箱詰めしているところだ。

5. 正解　(B)　　　　　　　　　　　　　　　　　　　CD 60

解説

A) 女性はプールに入っている（is getting into the pool）のではないから不正解。
B) 正解。stretch は「(手足や体を) 伸ばす」、forward は「前方へ」という意味。
C) 女性が持っているのはドラムスティック（drum stick）でないので不正解。
D) ボール（ball）という単語に惑わされないように。ボールがある場所は地面（ground）ではないので不正解。

スクリプト
(A) She's getting into the pool.
(B) She's stretching forward.
(C) She's holding a drum stick.
(D) She's rolling balls on the ground.

スクリプトの訳
(A) 彼女はプールに入っているところだ。
(B) 彼女は体を前に伸ばしている。
(C) 彼女はドラムスティックを手に持っている。
(D) 彼女はボールを地面の上で転がしている。

Chapter 2

Scene11 人物

重要ボキャブラリー

人が何かをしている写真の問題では、その動作や体の部位を表す英単語が重要ですので、そのような英単語や表現を学習しましょう。

- [ ] **officer** [ɔ́:fisər] 名役人；警官
- [ ] **flight attendant** [fláit əténdənt] 客室乗務員
- [ ] **fire fighter** [fáiər fáitər] 消防士
- [ ] **fire extinguisher** [fáiər ikstíŋgwiʃər] 消防士
- [ ] **stroller** [stróulər] 名ベビーカー；散歩する人
- [ ] **delivery** [dilívəri] 名配達；配達物
- [ ] **tie** [tái] 名ネクタイ
- [ ] **wheelchair** [hwí:ltʃɛ̀ər] 名車椅子
- [ ] **glasses** [glǽsiz] 名眼鏡
- [ ] **cane** [kéin] 名杖
- [ ] **shoelace** [ʃú:lèis] 名くつひも
- [ ] **overcoat** [óuvərkòut] 名オーバー(コート)
- [ ] **purse** [pə́:rs] 名ハンドバッグ；小銭入れ
- [ ] **wave** [wéiv] (手や旗などを)降る
- [ ] **sweep** [swí:p] 動掃除する；(ほうきなどで)掃く*
  名掃除；除去；突進
- [ ] **brush** [brʌ́ʃ] 動ブラシをかける
- [ ] **spray** [spléi] 動噴霧器でかける*
- [ ] **dust** [dʌ́st] 動ほこりをはらう
- [ ] **scrub** [skrʌ́b] 動こすり落とす
- [ ] **polish** [pɑ́liʃ] 動磨く

Scene11

「*」のマークが付いているものは、練習問題の中に出てきた語句です。

☐ **tidy**	[táidi]	動片付ける
		形きちんとした
☐ **messy**	[mési]	形乱雑な；きたない
☐ **operate**	[ápərèit]	動動く；操業する＊
☐ **gather**	[gǽðər]	動（寄せ）集める；（寄り）集まる
☐ **jog**	[dʒág]	動ジョギングする
☐ **stretch**	[strétʃ]	動（手足や体を）伸ばす＊
☐ **lean over**	[líːn óuvər]	～から身を乗り出す
☐ **shake hands**	[ʃéik hǽndz]	握手する
☐ **point at ～**	[pɔ́int ət]	～を指差す
☐ **side by side**	[sáid bái sáid]	並んで
☐ **line up**	[láin ʌp]	一列に並ぶ［並べる］
☐ **box up**	[báks ʌp]	詰め込む＊
☐ **pack**	[pǽk]	動詰め込む
☐ **empty out**	[émpti áut]	（中身を出して）からにする
☐ **adjust**	[ədʒʌ́st]	動調節する
☐ **examine**	[igzǽmin]	動調べる
☐ **remove**	[rimúːv]	動取り除く
☐ **print out**	[prínt áut]	印刷する＊
☐ **take a bite**	[téik ə báit]	かじる
☐ **try on**	[trái ən]	試着する＊

Chapter 2

身体にまつわる英単語

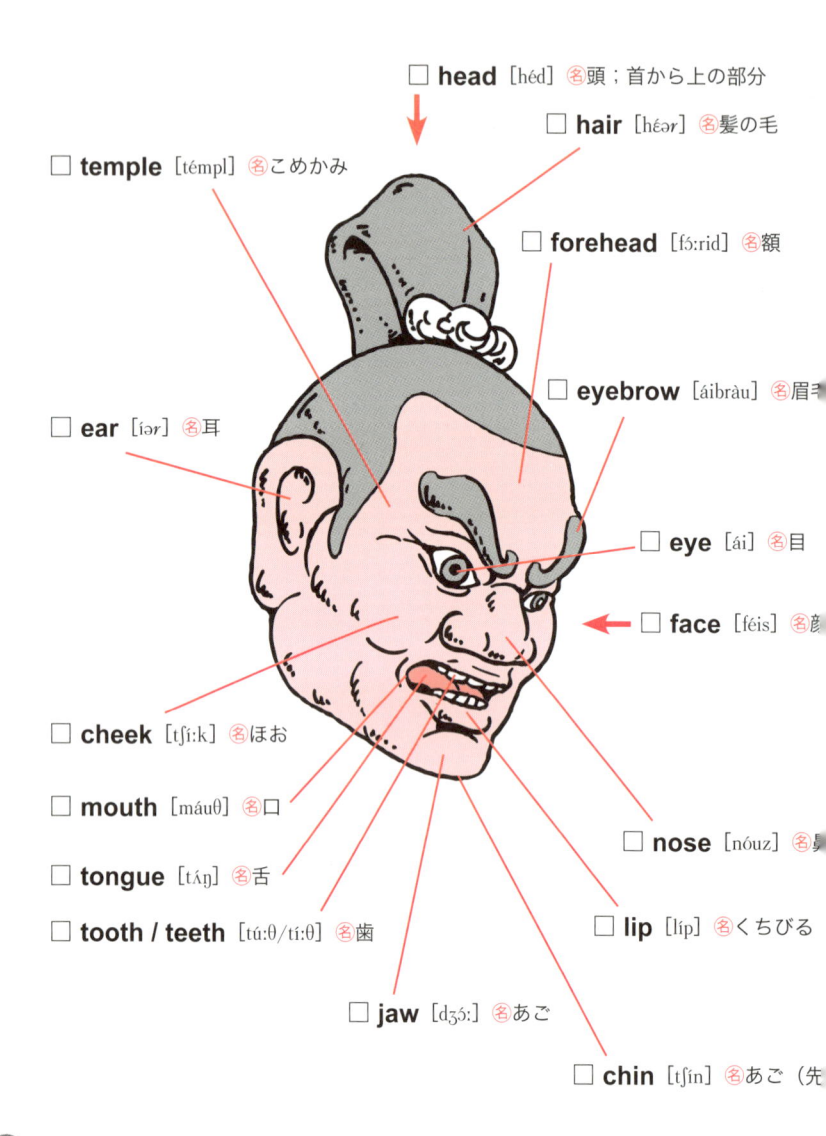

- [ ] **head** [héd] 名頭；首から上の部分
- [ ] **hair** [héər] 名髪の毛
- [ ] **temple** [témpl] 名こめかみ
- [ ] **forehead** [fɔ́:rid] 名額
- [ ] **eyebrow** [áibràu] 名眉毛
- [ ] **ear** [íər] 名耳
- [ ] **eye** [ái] 名目
- [ ] **face** [féis] 名顔
- [ ] **cheek** [tʃí:k] 名ほお
- [ ] **mouth** [máuθ] 名口
- [ ] **tongue** [tʌ́ŋ] 名舌
- [ ] **nose** [nóuz] 名鼻
- [ ] **tooth / teeth** [tú:θ/tí:θ] 名歯
- [ ] **lip** [líp] 名くちびる
- [ ] **jaw** [dʒɔ́:] 名あご
- [ ] **chin** [tʃín] 名あご（先

Scene11

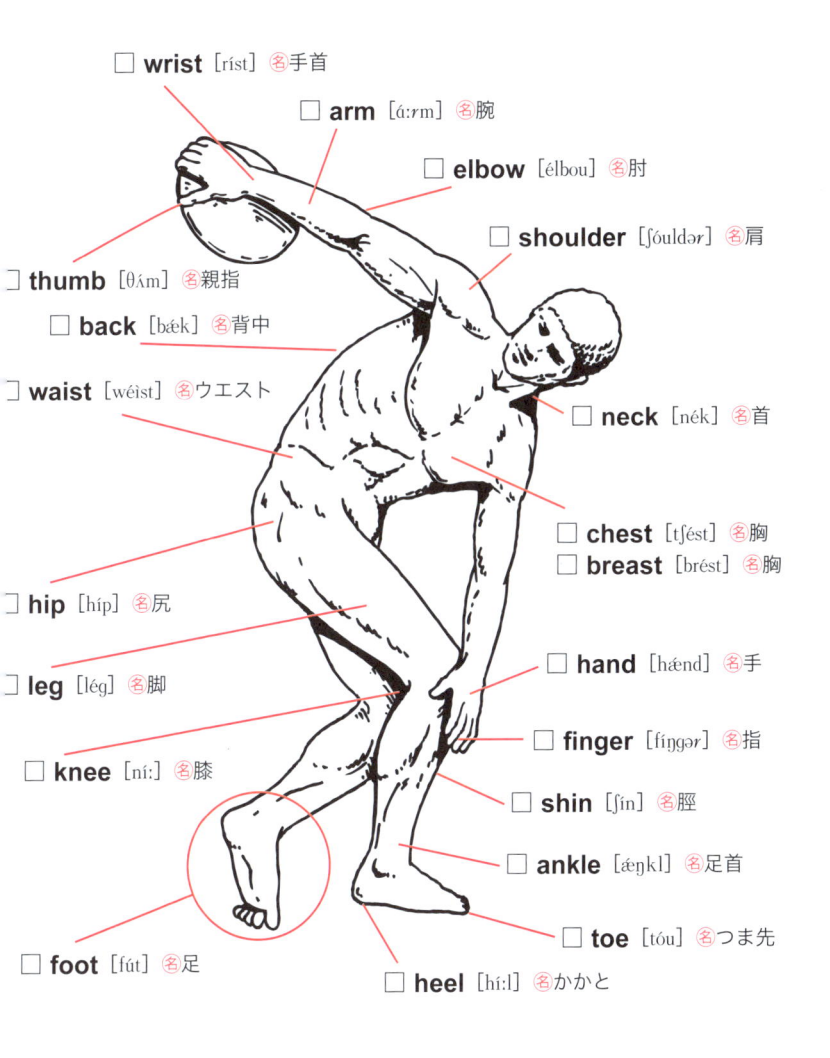

- □ **wrist** [ríst] 名手首
- □ **arm** [á:rm] 名腕
- □ **elbow** [élbou] 名肘
- □ **shoulder** [ʃóuldər] 名肩
- □ **thumb** [θʌ́m] 名親指
- □ **back** [bǽk] 名背中
- □ **waist** [wéist] 名ウエスト
- □ **neck** [nék] 名首
- □ **chest** [tʃést] 名胸
- □ **breast** [brést] 名胸
- □ **hip** [híp] 名尻
- □ **leg** [lég] 名脚
- □ **hand** [hǽnd] 名手
- □ **finger** [fíŋgər] 名指
- □ **knee** [ní:] 名膝
- □ **shin** [ʃín] 名脛
- □ **ankle** [ǽŋkl] 名足首
- □ **toe** [tóu] 名つま先
- □ **foot** [fút] 名足
- □ **heel** [hí:l] 名かかと

Chapter 2

模擬テスト A CD 61

1.

Ⓐ Ⓑ Ⓒ Ⓓ

2.

Ⓐ Ⓑ Ⓒ Ⓓ

模擬テスト A

3.

Ⓐ Ⓑ Ⓒ Ⓓ

4.

Ⓐ Ⓑ Ⓒ Ⓓ

➜ GO ON TO THE NEXT PAGE

Chapter 2

5.

Ⓐ Ⓑ Ⓒ Ⓓ

6.

Ⓐ Ⓑ Ⓒ Ⓓ

模擬テスト A

7.

Ⓐ Ⓑ Ⓒ Ⓓ

8.

Ⓐ Ⓑ Ⓒ Ⓓ

→ GO ON TO THE NEXT PAGE

Chapter 2

9.

Ⓐ Ⓑ Ⓒ Ⓓ

10.

Ⓐ Ⓑ Ⓒ Ⓓ

模擬テスト A【正解と解説】 　CD 61

1. 正解　(A)

☞ 解説

A) 正解。**platform** は「(駅の) ホーム；(列車やバスの) 乗降口」という意味。
B) 乗客たち (**passengers**) が乗り込もうとしているのは飛行機 (**plane**) ではないので不正解。
C) 写真に写っているのは丸太小屋 (**log cabin**) のドアではないので不正解。
D) **stationery** は「文房具」という意味なので不正解。**station** (駅) と聞き間違えないように注意。

スクリプト　(A) Some people are on the platform.
　　　　　　(B) The passengers are getting on the plane.
　　　　　　(C) The log cabin doors are open.
　　　　　　(D) The people are by the stationery.

スクリプトの訳　(A) 何人かの人々が乗降口にいる。
　　　　　　　(B) 乗客たちは飛行機に乗り込んでいるところだ。
　　　　　　　(C) 丸太小屋のドアは開いている。
　　　　　　　(D) 人々は文房具のそばにいる。

2. 正解　(D)

☞ 解説

A) **pick up the table** は「テーブルを片付ける [整頓する]」の意味。写真の人物たちの行動と一致しないので不正解。
B) **go by** は「～のそばを通り過ぎる」の意味なので不正解。
C) 写真の人物たちが座っているのは車の座席 (**car seats**) ではないので不正解。
D) 正解。**gather ～ together** は「～を (寄せ) 集める」という意味。

スクリプト　(A) They're picking up the table.
　　　　　　(B) They're going by the restaurant.
　　　　　　(C) They're in the car seats.
　　　　　　(D) They've gathered together.

スクリプトの訳　(A) 彼女たちはテーブルを片付けているところだ。
　　　　　　　(B) 彼女たちはレストランのそばを通り過ぎているところだ。
　　　　　　　(C) 彼女たちは車の座席に座っている。
　　　　　　　(D) 彼女たちは集まっている。

Chapter 2

3. 正解 (C)

☞ 解説

(A) 写真には高層ビル群（**skyscrapers**）はあるが、海（**sea**）はないので不正解。
(B) 写真は模型（**model**）ではなく実際の街であり、机（**desk**）もないので不正解。
(C) 正解。**urban skyline** は「（都市などの）空を背景とした輪郭」、**construct** は「建設する；構築する」という意味。
(D) 写真には黒板（**blackboard**）はないので不正解。

> スクリプト (A) The skyscrapers are near the sea.
> (B) The model of a city is on the desk.
> (C) An urban skyline has been constructed.
> (D) There's a park with trees on the blackboard.

> スクリプトの訳 (A) 高層ビル群は海の近くにある。
> (B) 都市の模型は机の上にある。
> (C) 都市部の輪郭は構築されている。
> (D) 黒板の上に木々のある公園がある。

4. 正解 (A)

☞ 解説

(A) 正解。**wear** は「（服を）着ている」のほか「（めがねやカバンを）身につけている」という意味でも使える。
(B) **both of the people**（人物はどちらも）や **newspaper**（新聞）などといった単語に惑わされないように。**edit**（編集する）という動作は写真と一致しないので不正解。
(C) **fax** は動詞では「ファクスで送る」という意味になり、写真と一致しないので不正解。
(D) 彼らが見ている（**are looking**）のは新聞の売店（**newsstand**）ではないので不正解。

> スクリプト (A) One of the people is wearing glasses.
> (B) Both of the people are editing the newspaper.
> (C) They're faxing the pages.
> (D) They're looking at the newsstand.

> スクリプトの訳 (A) 人物のうち1人はめがねをかけている。
> (B) 人物は両方とも新聞を編集しているところだ。
> (C) 彼らはページをファクスで送っているところだ。
> (D) 彼らは新聞売り場を眺めているところだ。

5. 正解 (C)

☞ 解説

A) 2人が見ているのは映画のスクリーン (**cinema screen**) ではなくパソコンの画面なので不正解。
B) どちらの女性もキーボードには触れていないので不正解。
C) 正解。**be seated** は「座っている」という意味。
D) 2人はコンピュータを片付けている (**are putting away the computer**) のではないから不正解。

|スクリプト| (A) They're watching the cinema screen.
(B) Both of the women are touching the keyboard.
(C) One of the women is steated.
(D) They're putting away the computer.

|スクリプトの訳| (A) 彼女たちは映画のスクリーンを見ている。
(B) 両方の女性がキーボードに触っている。
(C) 女性のうち1人は座っている。
(D) 彼女たちはコンピュータを片付けているところだ。

6. 正解 (A)

☞ 解説

A) 正解。**install** は「～を設置する」という意味。
B) 人々は建物の外 (**outside the building**) で待っているのではないから不正解。
C) 写真に写っている場所は食料雑貨店の精算の列 (**grocery checkout lines**) ではないので不正解。
D) **rows of appliances** (装置の(数)列) という言葉に惑わされないように。写真の場所は倉庫 (**warehouse**) ではないので不正解。

|スクリプト| (A) Some machines have been installed.
(B) The passengers are waiting outside the building.
(C) The people are going through the grocery checkout lines.
(D) There're rows of appliances in the warehouse.

|スクリプトの訳| (A) いくつかの機械が設置されている。
(B) 乗客たちは建物の外で待っているところだ。
(C) 人々は食料雑貨店の会計の列を通っているところだ。
(D) 倉庫の中に装置の列がある。

Chapter 2

7. 正解 （C）

☞ 解説

(A) **take down** ～は「～を降ろす」、**sign** は「表示；看板」。女性の行動とは一致ないので不正解。
(B) 女性が押しているのは携帯電話（**cell phone**）の番号ではないので不正解。
(C) 正解。**extend** は「～を伸ばす」という意味。
(D) 女性は手袋（**gloves**）をしているが、たたんでいる（**is folding**）のではないから不正解。

スクリプト (A) She's taking down the sign
(B) She's pressing the cell phone numbers.
(C) She's extending one finger.
(D) She's folding her gloves.

スクリプトの訳 (A) 彼女は看板を降ろしているところだ。
(B) 彼女は携帯電話の番号を押しているところだ。
(C) 彼女は指を1本伸ばしているところだ。
(D) 彼女は手袋をたたんでいるところだ。

8. 正解 （D）

☞ 解説

(A) **stand against**は「～を背にして立つ」という意味で、写真と一致しないため不正解。
(B) **paint**（〈ペンキ・絵の具を〉塗る）という語に惑わされないように。写真の人物は絵（**picture**）を描いているのではないから不正解。
(C) 写真の人物は上着を脱いでいる（**is taking off his jacket**）のではないから不正解。
(D) 正解。**do some work** は「（何かの）仕事をする」という意味。

スクリプト (A) He's standing against the wall.
(B) He's painting a picture.
(C) He's taking off his jacket.
(D) He's doing some work.

スクリプトの訳 (A) 彼は壁を背にして立っている。
(B) 彼は絵を描いているところだ。
(C) 彼は上着を脱いでいるところだ。
(D) 彼は何か仕事をしているところだ。

9. 正解 （B）

解説

(A) 写真内に女性はいないので不正解。crosswalk（横断歩道）という語に惑わされないように。

(B) 正解。car ではなく vehicle（乗り物；車両）という語が使われている。intersection は「交差点」。

(C) 通りの角に（on the street corner）車のカギ（car keys）があるとは認められないので不正解。

(D) 通りには線が引かれているが、are being painted は「今（ペンキで）描かれているところだ」の意味なので不正解。

スクリプト
(A) A woman is on the crosswalk.
(B) A vehicle is in the intersection.
(C) There're car keys on the street corner.
(D) Lines are being painted across the street.

スクリプトの訳
(A) 女性が横断歩道を渡っている。
(B) 交差点には乗物がある。
(C) 通りの角に車のキーがある。
(D) 通りを横切って線が引かれているところだ。

10. 正解 （A）

解説

(A) 正解。receiver は「受話器」という意味。

(B) 動詞の empty は「～を（中身を出して）からにする」という意味。写真の人物の行動と一致しないので不正解。

(C) マイク（microphones）は写真のどこにもないので不正解。

(D) cut the telephone wires は「電話線を切る」の意味なので不正解。

スクリプト
(A) Both of the people are holding receivers.
(B) One of the people is emptying her bags.
(C) They're standing in front of the microphones.
(D) They're cutting the telephone wires.

スクリプトの訳
(A) どちらの人も受話器を手に持っている。
(B) 人物のうち1人はカバンを空にしているところだ。
(C) 彼女たちはマイクの前に立っている。
(D) 彼女たちは電話線を切っているところだ。

模擬テスト B CD 62

1.

Ⓐ Ⓑ Ⓒ Ⓓ

2.

Ⓐ Ⓑ Ⓒ Ⓓ

模擬テスト B

3.

Ⓐ Ⓑ Ⓒ Ⓓ

4.

Ⓐ Ⓑ Ⓒ Ⓓ

→ GO ON TO THE NEXT PAGE

Chapter 2

5.

Ⓐ Ⓑ Ⓒ Ⓓ

6.

Ⓐ Ⓑ Ⓒ Ⓓ

模擬テスト B

7.

Ⓐ Ⓑ Ⓒ Ⓓ

8.

Ⓐ Ⓑ Ⓒ Ⓓ

➜ GO ON TO THE NEXT PAGE

Chapter 2

9.

Ⓐ Ⓑ Ⓒ Ⓓ

10.

Ⓐ Ⓑ Ⓒ Ⓓ

模擬テスト B【正解と解説】

1. 正解 (B)

解説

A) 彼らは席（**seats**）についているが、バス（**bus**）の座席ではないので不正解。
B) 正解。**side by side** は「並んで」という意味。
C) 劇場のいす（**theatre chairs**）という言葉に惑わされないように。人物のとっている行動は **take apart**（分解する）ではないので不正解。
D) 写真の人物は座っており、映画館（**cinema**）のそばを通り過ぎている（**are going by**）わけではないので不正解。

スクリプト
(A) They're in the bus seats.
(B) They're side by side.
(C) They're taking apart the theatre chairs.
(D) They're going by the cinema.

スクリプトの訳
(A) 彼らはバスの座席に座っている。
(B) 彼らは並んでいる。
(C) 彼らは劇場のいすを分解しているところだ。
(D) 彼らは映画館のそばを通り過ぎているところだ。

2. 正解 (D)

解説

A) 女性は壁にもたれかかってる（**is leaning against the wall**）のではないので写真と一致せず、不正解。
B) **install** は「取り付ける」という意味。写真と一致しないので不正解。
C) **cleaning**（きれいにする）という単語に惑わされないように。彼女が掃除しているのは床であってパンツスーツではないので不正解。
D) 正解。掃除機（**vacuum cleaner**）の代わりに **device**（機器）という単語が使われている。

スクリプト
(A) She's leaning against the wall.
(B) She's installing the carpet.
(C) She's cleaning the pantsuit.
(D) She's touching the device.

スクリプトの訳
(A) 彼女は壁にもたれかかっているところだ。
(B) 彼女はカーペットを設置しているところだ。
(C) 彼女はパンツスーツの汚れを落としているところだ。
(D) 彼女は機器に触れているところだ。

Chapter 2

3. 正解 (A)

☞ 解説

(A) 正解。**lower** は「下げる」という意味。

(B) **shelve** は「棚にのせる[置く]」という意味の動詞で、写真と一致しないので不正解。

(C) **take off** は「脱ぐ」という意味なので、写真と一致せず不正解。

(D) 女性が手に持っているのは帽子（**hat**）ではないので不正解。

スクリプト　(A) She's lowering her eyes.
　　　　　　(B) She's shelving the bag.
　　　　　　(C) She's taking off her coat.
　　　　　　(D) She's holding her hat.

スクリプトの訳　(A) 彼女はうつむいている。
　　　　　　　(B) 彼女はカバンを棚にのせているところだ。
　　　　　　　(C) 彼女はコートを脱いでいるところだ。
　　　　　　　(D) 彼女は帽子を手に持っているところだ。

4. 正解 (D)

☞ 解説

(A) 歩行者たち（**pedestrians**）が横切っているのは橋（**bridge**）ではないので不正解。

(B) **hallway** は「廊下；通路」なので、写真と一致せず不正解。

(C) **tear down** は「～を引き降ろす；取り壊す」という意味なので、写真と一致せず不正解。

(D) 正解。横断歩道（**crosswalk**）などの単語ではなく、「道路上に線が引かれている」という表現が使われている。**paint** は「ペンキで描く」の意味。

スクリプト　(A) Pedestrians are crossing a bridge.
　　　　　　(B) People are walking across the hallway.
　　　　　　(C) Street signs are being torn down.
　　　　　　(D) Lines have been painted on the road.

スクリプトの訳　(A) 歩行者たちは橋を渡っているところだ。
　　　　　　　(B) 人々は廊下を横切って歩いているところだ。
　　　　　　　(C) 道路標識が引き降ろされているところだ。
　　　　　　　(D) 道路の上には線が描かれている。

5. 正解 (C)

解説

(A) 写真のドア（**door**）は家のドアではなく車のドアなので不正解。
(B) **cars**（複数の車）と **cards**（複数のカード）を聞き間違えないように注意。
(C) 正解。**traffic** は「往来；交通」という意味。
(D) **women**（女性たち）や **are entering**（入っているところだ）などの単語に惑わされないように。**room**（部屋）は写真と一致せず不正解。

スクリプト
(A) The house door is being held open.
(B) There're some cards on the street.
(C) Traffic is under the buildings.
(D) Some women are entering the room.

スクリプトの訳
(A) 家のドアは開けられた状態である。
(B) 通りには何枚かのカードがある。
(C) 往来は建物の下にある。
(D) 何人かの女性が部屋に入っているところだ。

6. 正解 (A)

解説

(A) 正解。**facility** は通例複数形で「設備；施設」という意味を表す。
(B) 設備（**equipment**）は屋根の上にあるわけではないので不正解。
(C) 写真は明らかに屋外であり、ガレージの中（**in the garage**）ではないので不正解。
(D) 写真に写っているのは **bowl**（鉢；どんぶり；円形競技場）ではないので不正解。

スクリプト
(A) The facility is floating on the waves.
(B) The equipment has been put on the roof.
(C) Some tires are hung up in the garage.
(D) The bowl has been placed near the shore.

スクリプトの訳
(A) その設備は波間に浮かんでいる。
(B) その設備は屋根の上に置かれている。
(C) 何本かのタイヤがガレージの中に掛けられている。
(D) 鉢は岸辺に置かれている。

Chapter 2

7. 正解 （A）

☞ 解説

(A) 正解。**casher** は「レジ係」、**behind** は「〜の背後に」という意味。
(B) 商品（**goods**）は店の棚に入っており、トラック（**truck**）は写真の中にないので不正解。
(C) 陳列ケース（**display cases**）は閉じられているので不正解。
(D) 店員（**store clerk**）はコーヒーを飲んでいるわけではないので不正解。

スクリプト
(A) The cashier is behind the counter.
(B) Goods are being loaded onto the truck.
(C) The display cases are being opened.
(D) The store clerk is drinking coffee.

スクリプトの訳
(A) レジ係はカウンターの向こう側にいる。
(B) 商品はトラックに載せられているところだ。
(C) 陳列ケースは開けられているところだ。
(D) 店員はコーヒーを飲んでいるところだ。

8. 正解 （C）

☞ 解説

(A) 写真の中に **crews**（一団；作業班）にあたる人々は写っていないので不正解。
(B) 写真の中に倉庫（**warehouse**）はないので不正解。
(C) 正解。**set up** は「設営する」という意味。
(D) 産業車両（**industrial truck**）は地面に置かれており、幹線道路（**highway**）にあるのではないから不正解。

スクリプト
(A) The crews are in the construction site.
(B) The warehouse door has been closed.
(C) The work area has been set up outdoors.
(D) The industrial truck is on the highway.

スクリプトの訳
(A) 作業員たちは建設現場にいる。
(B) 倉庫のドアは閉じられた状態だ。
(C) 作業区域は屋外に設営されている。
(D) 産業車両は幹線道路上にある。

9. 正解 (C)

解説

(A) 写真の人物は電話を使っているが、携帯電話(**cell phone**)ではないので不正解。
(B) 電車(**train**)は写真内にあるが、人物はそれに乗っているわけではないので不正解。
(C) 正解。駅だとすぐに分からなくても、消去法で正答を導き出せる。
(D) 写真の中に文房具(**stationery**)はないので不正解。**station** と聞き間違えないように注意。

スクリプト
(A) He's using the cell phone.
(B) He's on the train.
(C) He's in the station.
(D) He's holding the stationery.

スクリプトの訳
(A) 彼は携帯電話を使っているところだ。
(B) 彼は電車に乗っている。
(C) 彼は駅にいる。
(D) 彼は文房具を手に持っている。

10. 正解 (B)

解説

(A) 木々(**trees**)は写真内にあるが、森(**forest**)はないので不正解。
(B) 正解。**empty** は「中身のない」のほかに「人影のない」という意味もある。
(C) **take down** は「取り壊す」という意味。写真と一致しないので不正解。
(D) 写真には階段は写っているが、**stepladder**(脚立；段ばしご)は見当たらないので不正解。

スクリプト
(A) Trees are growing in the forest.
(B) The sidewalk is empty.
(C) The fence has been taken down.
(D) The stepladder has been set on the ground.

スクリプトの訳
(A) 木々は森の中で成長している。
(B) 歩道には人影がない。
(C) フェンスは取り壊されている。
(D) 脚立は地面に置かれている。

Jリサーチ出版の ベストセラー単語

全国の書店にて大好評発売中！

TOEIC受験者の必携書

TOEIC® TEST 英単語 スピードマスター

CD2枚・赤シート付

本書の特長
- ●7つの戦略で効果的に完全攻略頻出3000語
- ①7つの戦略で英単語攻略のルートがくっきり見える。
- ②類義語や関連語もいっしょに覚えてしまう効率的学習スタイル。
- ③国際ビジネス語彙をしっかりカバー。
- ④本番の試験を意識した例文700センテンス、50パッセージを掲載。
- ⑤全例文をCD2枚に収録。リスニングにも効果的。

TOEIC is a registered trademark of Educational Testing Service (ETS).

成重 寿
定価1470円

ベストセラー単語集の問題

TOEIC® TEST 英単語 スピードマスター 問題集

CD2枚・赤シート付

成重 寿/ビッキー・グラス 共著

本書の特長
- ●頻出の最重要語を7日間で完全チェック 問題530
- ①テストに出る頻出重要語を短時間で総復習できる。
- ②初級者から800点超の読者まで役立つ。
- ③問題文をCDにも収録。聞くだけで英単語の学習ができる。
- ④ビジネス語彙・イディオムもしっかりカバー。
- ⑤文脈で適語を選ぶPart6スタイルの問題も収録。

定価147

http://www.jresearch.co.jp　Jリサーチ出版　〒166-0002 東京都杉並区高円寺北2-
TEL03-6808-8801 FAX03-53

Jリサーチ出版の TOEIC® TEST 関連書

1日5分集中レッスン！
苦手パート完全克服シリーズ

<全5点>

TOEICは漠然と勉強しても点数は伸びません。
TOEICテスト7つのパートごとの特徴と効果的な学習がとても大切です。

シリーズの特長
- ◎1日たった5分！すきま時間に学習できる。
- ◎パート別にしっかり苦手を克服できる！

高得点勉強法&PART1 <写真描写問題>　　勉強法・リスニング

究極学習法と受験のコツ+Part1頻出11シーン
TOEIC® TEST
高得点勉強法&PART1
1日5分集中レッスン CD付

TOEICテスト990点満点取得者・安河内哲也氏による
各パートごとの効果的な学習法を紹介。
試験最初のリスニングPART1対策を収録。
安河内 哲也 著　定価　1050円(税込)

PART2 <会話問題>　　リスニング

苦手パート完全克服 頻出190問+20の解法テクニック
TOEIC® TEST
PART2 1日5分集中レッスン CD付
PART2は会話問題。
頻出の会話パターンを集中特訓。20の解法で
正解を選ぶコツがわかる。
成重 寿・妻鳥 千鶴子 共著　定価　1260円(税込)

PART3・4 <会話問題><説明文問題>　　リスニング

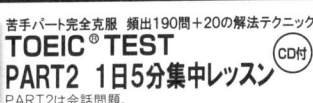

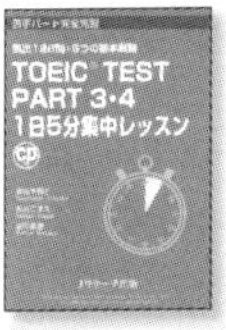

苦手パート完全克服 頻出126問+6つの基本戦略
TOEIC® TEST
PART3・4 1日5分集中レッスン CD付
TOEICリスニングセクションのPart3、Part4に焦点を絞
り、頻出の設問テーマに慣れることと、解法テクニック
を身につけて、正解を選ぶコツがつかめる。
妻鳥 千鶴子・松井 こずえ・田平 真澄 共著　定価　1260円(税込)

PART5・6 <短文・長文穴埋め問題>　　英文法・語彙

苦手パート完全克服 頻出217問+14の攻略法
TOEIC® TEST
PART5・6 1日5分集中レッスン
TOEICで最重要の文法ポイントを厳選して解説。
"出る順"に収録し、高頻出の問題パターンを
より多く練習する構成。模擬テストつき。
宮野 智靖 監修/仲川 浩世 著　定価　1260円(税込)

PART7 <読解問題>　　リーディング

苦手パート完全克服 頻出104問+5つの基本戦略
TOEIC® TEST
PART7 1日5分集中レッスン
PART7の読解問題を「戦略」と「練習」の両面から
攻略する速習テキスト。だれでも実行できる5つの戦略を
紹介。模擬テストつき。
成重 寿/ビッキー・グラス 共著　定価　1260円(税込)

TOEIC is a registered trademark of Educational Testing Service (ETS). This publication is not endorsed or approved by ETS.

・出版　〒166-0002 東京都杉並区高円寺北2-29-14-705　TEL. 03-6808-8801　FAX. 03-5364-5310　　**全国書店にて好評発売中！**

はじめて受ける人 基礎を固める人のために

Jリサーチ出版の TOEIC® TEST 関連

TOEIC is a registered trademark of Educational Testing Service (ETS). This publication is not endorsed or approved by ETS.

スピードマスターシリーズ

TOEIC® TEST 英単語スピードマスター
7つの戦略で効率的に完全攻略 頻出3000語
CD2枚付
TOEICテスト全分野の頻出語彙3000語をTOEICスタイルの例文でマスターできる。CD2枚でリスニングにも対応。
成重 寿著 定価 1470円（税込）

TOEIC® TEST 英熟語スピードマスター
5つの戦略で効率的に完全攻略頻出1400熟語
CD2枚付
TOEICに特徴的な英熟語を1000語に絞り込み、それを4つのレベル別に収録。頻出会話表現100もあわせてCD2枚に例文を収録。
成重 寿／ビッキー・グラス 共著 定価 1470円（税込）

新TOEIC® TEST 総合スピードマスター入門編
はじめて受ける人のための全パート・ストラテジー
CD付
新テスト7つのパートの全貌をピンポイント解法でわかりやすく伝授。模擬試験1回分つき。正解・解説は別冊。
成重 寿／ビッキー・グラス／柴山かつの 共著
定価 1470円（税込）

ベーシックマスターシリーズ

TOEIC® TEST 英文法・語彙ベーシックマ
はじめての受験から730点をめざせ！
11の基本戦略でPart5&6の攻略のコツがしっか出題傾向を徹底的に分析し、頻出語彙と問題厳選収録。
宮野 智靖著 定価 1470円（税込）

TOEIC® TEST リスニングベーシックマス
はじめての受験から730点をめざせ！
Part1～4で確実に得点できる8つの基本戦略をポ重要ボキャブラリーと模試(ハーフ50問)を収録
妻鳥千鶴子・松井こずえ・Philip Griffin
定価 1575円（税込）

TOEIC® TEST リーディングベーシックマ
はじめての受験から730点をめざせ！
7つの基本戦略でPart7(読解問題)攻略のコツがしっ時間戦略、問題の取捨、速読法など、実践的なノウ
成重 寿・Vicki Glass 共著
定価 1470円（税込）

JMOOKシリーズ

新TOEIC® TEST 学習スタートブック ゼッタイ基礎攻略編
はじめて受ける人のためのとっておき学習ガイド
CD付
TOEICテスト対策の「3ヶ月学習プラン」と「スコアアップできるゼッタイ攻略公式」がひと目でわかる。
模擬試験1回分付。
柴山かつの 著 定価 840円（税込）

TOEIC® TEST 頻出単語チェックブック
これだけマスター 試験に出る英単語750
CD2枚付
TOEIC受験者が"最低限知っておきたい"単語270語を厳選。同義語を網羅した「頻出言い換え」480語を収録。模擬試験1回分付。
Philip Griffin／柴山かつの／森山美貴子／田平真澄 共著 定価 1000円（税込）

英単語

TOEIC® TEST 英単語・イディオム直前3
頻出語だけをピンポイントチェック！
試験前に絶対覚えておきたい頻出重要単語・350を7日間の学習プログラムでマスターでき
安河内 哲也 著 定価 1050円（税込

TOEIC® TEST ビジネス英単語 Lite
確実にステップアップができる超頻出700
TOEIC頻出のビジネス英単語攻略がスコアフ項目ごとに関連づけて覚えることができる。されている。CDには見出し語と意味・例文
成重 寿著 定価 1050円（税込）

基本単語カードシリーズ

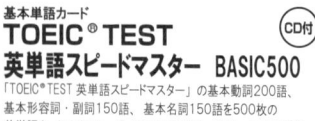

TOEIC® TEST 英単語スピードマスター BASIC500
基本単語カード
CD付
「TOEIC® TEST 英単語スピードマスター」の基本動詞200語、基本形容詞・副詞150語、基本名詞150語を500枚の英単語カードにパッケージ。CDには英単語・意味・例文を収録。
成重 寿 著 定価 1575円（税込）

TOEIC® TEST 英単語スピードマスター BUSIN
基本単語カード
「TOEIC® TEST 英単語スピードマスター」に収録るビジネス語500をカードにパッケージ。CDには英例文を収録。カードリング3本付。
成重 寿／ビッキー・グラス 共著 定価 157

Jリサーチ出版 〒166-0002 東京都杉並区高円寺北2-29-14-705 TEL. 03-6808-8801 FAX. 03-5364-5310 全国書店にて好

ハイスコアをとるために Jリサーチ出版の TOEIC® TEST 関連書

TOEIC is a registered trademark of Educational Testing Service (ETS). This publication is not endorsed or approved by ETS.

スピードマスターシリーズ

Part5＆6 頻出問題形式の徹底練習で900点をめざす
新TOEIC® TEST 英文法・語彙スピードマスター
最新の出題傾向に徹底対応。攻略法と学習ポイントがわかりやすい。練習問題の解答解説は図解入りと巻末に模擬テスト付き。
安河内 哲也著　定価 1470円（税込）

48問48分 Part VII 全問解答で900点をめざす
新TOEIC® TEST リーディングスピードマスター
試験必出5つの問題スタイル解法を知ることで全問解答できる。訳読式から情報サーチ型の解法を身につける。
成重 寿著　定価 1470円（税込）

1日2解法ピンポイント集中攻略で900点をめざす
新TOEIC® TEST リスニングスピードマスター (CD付)
リスニングパート別出題スタイル対策を20の解法でマスター。10日間学習プログラムで構成。一般リスニング学習書としても最適。
成重 寿著　定価 1575円（税込）

模試

本番のリアルな雰囲気で3回挑戦できる！
新TOEIC® TEST スピードマスター完全模試 (CD3枚付)
模擬試験3回分と詳しい解説つき。本試験と同じ問題文のレイアウト。模擬試験1回分にCD1枚対応だからCDをかければそのままテスト時間がスタート。
ビッキー・グラス著　A4判／定価 1890円（税込）

最頻出語彙と出題パターンを完全マスター
TOEIC® TEST 完全模試 W (CD2枚付)
最新の出題傾向を徹底分析。本番さながらの完全模擬試験全パート2回分を収録。スコアアップに直結する20のテクニックや最頻出語彙も掲載。
宮野智靖 監修／森川美貴子著　定価 1470円（税込）

7日間完全マスター
新TOEIC® TEST 直前対策模試 (CD付)
短期間で確実に100点以上アップをめざす。7日間完全学習プログラムに厳選された頻出問題ばかりを例文と模擬試験に収録。「直前対策ポイント40」は受験生必読。
柴山かつの著　B5判／定価 840円（税込）

問題集シリーズ

Part 5＆6 スピードマスター900点をめざす
新TOEIC® TEST 英文法・語法問題集
TOEICテストパート5と6を7回分の問題集で完全攻略。解答・解説は別冊。重要単語1000語と頻出項目のまとめつき。
安河内 哲也・魚水 憲 共著　定価 1470円（税込）

Part 7 スピードマスター900点をめざす
新TOEIC® TEST リーディング問題集
Part7の様々なタイプの文章をマスターするための1冊。4回分の模擬テストと解法プロセスが見える詳しい解説を掲載。
成重 寿著　定価 1470円（税込）

Part 1～4 スピードマスター900点をめざす
新TOEIC® TEST リスニング問題集 (CD2枚付)
リスニングセクションPart1～4の実戦対策問題集。完全模試3回分を実践できる。詳しい解説で解答プロセスがはっきりわかる。
ビッキー・グラス著　定価 1680円（税込）

ひと目でわかる頻出パターン 730点をめざす！
新TOEIC® TEST 英文法問題集中攻略
試験に出る頻出問題のみを精選。「直前ポイント集」は試験で特に狙われやすい文法項目を掲載。7日間の学習プログラムで構成。
安河内 哲也著　定価 1260円（税込）

〒166-0002 東京都杉並区高円寺北2-29-14-705　TEL. 03-6808-8801　FAX. 03-5364-5310　**全国書店にて好評発売中！**

●著者紹介
安河内哲也　Tetsuya Yasukochi

1967年生まれ。東進ビジネススクール・東進ハイスクール講師、言語文化舎代表。帰国子女でも留学経験者でもないが、TOEIC TESTにおいて、リスニング、リーディング、スピーキング、ライティングすべての分野での満点取得をはじめ、国連英検特A級、英検1級、通訳案内士など10以上の英語資格を取得。独自のメソッドを詰め込んだ熱い講義は多くの人から絶賛される。著書は『新TOEIC TEST英文法・語彙スピードマスター』『ゼロからスタート　英文法』『ゼロからスタート　リスニング』『小学英語スーパードリル①②③』（以上、Jリサーチ出版）ほか70冊以上に及ぶ。
URLはwww.yasukochi.jp

カバーデザイン	滝デザイン事務所
本文デザイン&DTP	新藤 昇
カバー／本文イラスト	田中 斉
編集協力	佐藤誠司
	大月智博
CDナレーション	Nadia McKechnie
	Peter von Gomm

TOEIC® TEST
高得点勉強法 & PART 1　1日5分集中レッスン

平成23年（2011年）4月10日　初版第1刷発行

著　者	安河内哲也
発行人	福田 富与
発行所	有限会社　Jリサーチ出版

〒166-0002　東京都杉並区高円寺北 2-29-14-705
電話 03(6808)8801㈹　FAX 03(5364)5310
編集部 03(6808)8806
http://www.jresearch.co.jp

印刷所	株式会社　シナノ パブリッシング プレス

ISBN978-4-86392-056-9　禁無断転載。なお、乱丁・落丁はお取り替えいたします。
© Tetsuya Yasukochi, All rights reserved.